Polly Adler

Echt. Jetzt!

Eine Rückholaktion für unser
schönes analoges Leben

www.kremayr-scheriau.at
ISBN 978-3-218-01233-1

Schutzumschlaggestaltung: Peter Duniecki
Foto auf dem Schutzumschlag: Keystone Press / Alamy Stock Foto
Hintergrundillustration: Josef Frank / Svenskt Tenn
Polly-Adler-Grafik: Peter Duniecki

Buchgestaltung und Satz: Peter Duniecki
Druck und Bindung: GGP Media GmbH, Pößneck

Inhalt

Für Doris,
mit der man so herrlich analog lachen konnte

»Wie war das Leben schön!«

WOLFGANG AMADEUS MOZART

Analog, Baby!

>» I do believe I've had enough ...«
BOB DYLAN

Ich sehe eine Familie im Gänsemarsch auf einem Gehsteig spazieren. Vater, Mutter, Kind in vorgeneigter Haltung, den Blick wie hypnotisiert auf das jeweilige Smartphone gerichtet. Wahrscheinlich sagt diese Mutter nach dem Auftragen des Brokkoli-Auflaufs beim Abendessen, einem letzten Versuch eines analogen Zusammenseins in dieser Familie, zu ihrer Truppe sowas wie » Schmeckt es euch nicht? Ihr habt nämlich noch gar nichts gepostet!«

In den Kaffeehäusern der Stadt haben Sie sich schon an diese Form von Gesprächssituation gewöhnt: Zwei oder mehrere Menschen sitzen einander in Echtzeit, also in wahrer Wirklichkeit, wie das in Wien so schön heißt, gegenüber und starren auf die Displays ihrer Handys, dabei wird wie besessen darauf herumgewischt. Und wenig bis gar nicht geredet. Vielleicht ab und an ein müder Blick auf das Gegenüber gerichtet, der sich rasch wieder verflüchtigt. Echtzeit-Konversation kann einem ja auch wirklich so viel Kraft abverlangen.

»I'm not there / I'm gone«, heißt es in einem frühen Bob-Dylan-Song, die Songzeile hat sich Jahrzehnte später als gespenstische Realität in unsere Alltagskultur geschlichen.

Jeder scheint gerade woanders zu sein, nie dort, wo er gerade ist. Hunderte Filmchen sind auf YouTube zu sehen, in denen verzweifelte Kleinkinder um die Aufmerksamkeit ihrer Mütter buhlen, die aber ihren Blick ungerührt auf ihrem Display festbetoniert haben und ohne Reaktion auf die Veitstänzchen ihrer Fortpflänzchen bleiben.

Der so geschätzte »New Yorker«, die Bibel einer im Aussterben begriffenen Art von Journalismus, postete kürzlich einen Cartoon (ja, natürlich auf dem Instagram-Account), der einen abstürzenden Bergsteiger zeigt, der an der Hand seines Kumpels baumelt. Der hält in der anderen sein Handy und sagt, ohne auf den Freund in lebensbedrohlicher Lage zu schauen: »Nur noch ein Mail, dann bin ich bei dir. Und ganz der deine.« Ein anderer Cartoon zeigt Adam und Eva im Paradies. Während Eva auf ihrem Smartphone herumwischt, murrt Adam: »Jetzt mach schon, die anderen gehen bereits alle Äpfel pflücken.«

Auf einem weiteren Cartoon sieht man einen Mann, der mit aufgeklapptem Laptop in seinem Bett sitzt, darunter sind seine Gedanken geschrieben: »Hey, erst elf Uhr … Ich kann also noch in aller Ausführlichkeit Zeit im Internet mit Nichtstun verschwenden und damit meinen nächsten Arbeitstag ruinieren.«

Bei seinem letzten Auftritt im Wiener Konzerthaus hatte Dylan angesichts der vielen leuchtenden Displays über den Köpfen des Publikums aufgehört zu singen. Und sandte den scharfen Tadel ins Publikum: »Are we playing or are we posing?«

Good old Bob. Er hatte schon seelische Irritationen in den 1980er-Jahren, als man von ihm verlangte, seine Songs in Videos umzusetzen. Man wollte Videos von ihm! Man stelle sich vor!

Ich liebe Bob Dylan auch deswegen, weil er eine einzige Entzugs-Erscheinung ist. Seit 60 Jahren entzieht er sich konsequent allem, was gerade angesagt ist und die Industrie von ihm (wäre er nicht Bob Dylan) verlangen könnte. Und hat mit dieser Methode souveräner Arroganz oder versponnener Entrücktheit die anhaltendste Karriere der Popgeschichte hingekriegt.

We are constantly posing, Bob. Das kann tatsächlich auch lebensgefährlich werden. Fünfmal so viele Menschen starben in den letzten Jahren durch Unfälle beim Schießen von Selfies als durch Hai-Attacken. Der überwiegende Teil der Opfer waren junge Inder, die bei der »Selbstvergewisserung«, laut Psychologie das Hauptmotiv für den Selbstporträts-in-allen-Lebenslagen-Tsunami, auf Klippen abstürzten oder dann tatsächlich von dem herbeieilenden Zug, der den Hintergrund des Selfies stellen sollte, erfasst wurden. Oder mit einer Schusswaffe posierten, deren Auslöser nicht gesichert war. Das Bild deines Lebens.

Doch das Motiv der Selbstvergewisserung wird von einem ganz simplen anderen Motiv bei Weitem überstrahlt: nämlich den Neid des Beobachters zu triggern. Seht nur her, wie viel Spaß wir an diesem Ultra-Strand, in unseren affengeilen Hotelzimmern, in unseren superpittoresken Zweit- und Drittwohnsitzen haben, während ihr traurigen Mitbürger vor euren Ikea-Regalen versauert und ein Curry von vorgestern futtert.

Irrationale Versäumnispanik

Wenn Sie heute einen Kinosaal verlassen, befindet sich ein Großteil der aus dem Kino herausströmenden Menschen bereits Sekunden nach dem Ende des Films beim Hinausgehen in der vornübergebeugten Schildkröten-Haltung und im Wisch-Modus. Solche Beobachtungen können Sie natürlich nur machen, wenn Sie noch ins Kino gehen und nicht zu so einem Streaming-Junkie verkommen sind, wie ich es lange war, und zwar im Binge-Modus. Unter drei Netflix-Folgen lief gar nichts und natürlich musste die Dosis ständig erhöht werden.

Folgende Fragen beschleichen einen bei diesem Anblick: Warten diese Menschen auf ein für sie überlebensnotwendiges

Spenderorgan? Liegen ihre Frauen möglicherweise in den Wehen? Sind sie unentbehrliche Entscheidungsträger in einem Krisenstab, der über das Wohlergehen der Republik wacht und lustige neue Corona-Regeln ersinnt? Wobei das Corona-Thema in diesem Buch, versprochen, nur äußerst marginal vorkommen wird. Meine und wahrscheinlich auch Ihre seelische Widerstandsfähigkeit oder auch Resilienz, wie das neuerdings so schick heißt, hat durch dieses verfluchte Jahr 2020 tatsächlich jede Menge Laufmaschen abbekommen. Manchmal wird es sich jedoch beim besten Willen nicht vermeiden lassen.

Warum leuchten unsere Gesichter also ständig im Widerschein des Displays, wieso begeben wir uns in freiwilliger Selbstentmündigung in diese dauernde Online-Symbiose?

»Was ist das Motiv?«, fragen die von Leben und Leichen zermürbten »Tatort«-Kommissare doch immer so gerne. Und: Wie ist diese irrationale Versäumnispanik des Off-life-Smombies zu erklären?

Smombie ist der Psychojargon für die Kreuzung von Smartphone und Zombie, also für jenen Menschentypus, der nach dem Verlust oder Diebstahl seines Handys mit ziemlicher Sicherheit von Phantomschmerzen oder lodernder Hysterie niedergestreckt werden würde.

Ganz simpel: Funktioniert wie jeder Suchtverlauf. Die Dosierung der Droge muss ständig erhöht werden, damit sich im Hirn das Gefühl der Belohnung auch einstellen kann. Klar gibt's auch für die irrationale Versäumnispanik ein Hipster-Kürzel: FOMO, so die Abkürzung für »the fear of missing out«. Ursprünglich war das ein popkultureller Begriff für die Angst junger Menschen, die strebsam und allein im Zimmer vor ihren Büchern saßen, während die anderen den Bären im Kettenhemd steppen ließen, unbestuhlte Konzerte besuchten, kifften, stimmungsaufhellende Substanzen schluckten und ganz allgemein die Zeit ihres Lebens hatten. Inzwischen hat sich das Prinzip FOMO aber insofern verschoben, als nun die Angst dominiert, auf den sozialen Medien etwas Bahnbrechendes zu versäumen. Etwa Gwyneth Paltrows Posting zu ihrer Duftkerze mit Vagina-Geruchsnote zum Beispiel. Oder, etwas für die älteren Semester: Reese Witherspoon bei der Zubereitung ihres hautverbessernden Supersmoothies (Romana-Salat, Spinatblätter, die Hälfte eines Apfels, eine halbe Birne, Kokoswasser, falls sich jetzt ein Quäntchen FOMO in Ihr System geschlichen haben sollte). Oder die Gemüts-Offenbarung von Presley Gerber, dem Sohn des früheren Models Cindy Crawford: Der trübte die Idylle der Vorzeige-Insta-Familie erheblich, indem er sich das Wort »Misunderstood« unter das rechte Auge tätowieren ließ, anstatt wie seine Schwester Kaia konzentriert an einer Supermodel-Karriere zu arbeiten. Oder, oder, oder...

Die Kette der Pling-Pling-Pling-Botschaften ist endlos und die Intervalle werden immer kürzer. Reizüberflutung, bis der Arzt kommt. Das ist nicht nur eine blöde Floskel: Der Arzt muss auch tatsächlich manchmal kommen: Kopfschmerzen, Schlafstörungen, innere Rastlosigkeit, das sind noch die harmlosesten Hangover-Erscheinungen des digitalen Dauerrausches.

Möpse im Weihnachtsmann-Outfit

Vor einem Lokal hat ein Wirt eine Tafel mit der Aufschrift: »Tut doch einfach einmal so, als ob wir 1992 hätten. Trinkt Kaffee und redet miteinander! Es tut gar nicht weh!« aufgestellt. Aber habe ich überhaupt irgendeinen Grund, mich über den grassierenden Off-Life-Menschentypus erhaben zu fühlen?

Ich poste zwar keine Schlachtplatten, keine Möpse im Weihnachtsmann-Outfit und keine frisch lackierten Zehennägel, was man nach dem Shitstorm, der über die deutsche TV-Moderatorin Frauke Ludowig nach einer solchen Aktion schwappte, sowieso vermeiden sollte, aber auch ich hänge an meinem Smartphone wie an einer Nabelschnur.

Das Teil apportiert mir mit nahezu selbstzerstörerischem Tadel täglich eine Bilanz meiner absolvierten Bildschirmzeit. Das enthält insofern einen paradoxen Zynismus, als die Droge selbst, quasi als eine Art Service am Junkie, den Suchtverlauf dokumentiert. Ich habe, Schock lass nach, in den letzten zehn Tagen 20 Stunden in sozialen Medien verbracht. Fast einen ganzen Tag und eine ganze Nacht.

Ein Schnitt von zwei Stunden täglich, wobei das sonstige digitale ADHS – von Zalando über Netflix bis zur Second-Hand-App Willhaben, wo ich circa 15 Alerts für Panton, Josef Frank und andere Vintage-Designer eingerichtet habe – gar nicht mitgerechnet ist. Gibt es ein besseres »guilty pleasure«, als seinen Konzentrationsfluss zu zerhacken, indem man sich schnell noch einmal online eine Palette Teelichter mit Marokko-Ornamenten oder ein wellenförmiges Brotschneidebrett von einem abgedrehten skandinavischen Designer auf dem Cocooning-Versand Westwing klar macht?

»Exzentrische Leuchtfeuer der Unvernunft« nannte die Trendforscher-Doyenne Faith Popcorn in Vor-Internet-Zeiten diese Art von Belohnungsshopping, das inzwischen zu meinem Alltag gehört.

Ich bin also in ständiger Abhängigkeit von diesem Zeitfresser-Gadget, das mir gierig authentische Erlebniszeit wegfrisst. Und befinde mich in einem Dauer-Zickzack-Kurs wie ein gehetztes Kaninchen. Plop-plop-plop. Ständig tanzen Angebote von Dingen durch meine diversen Accounts. Vor drei Tagen habe ich mir die Preise von Creuset-Schmortöpfen (ja, Schmortöpfe sind die High Heels des Alters) angeschaut und seitdem werde ich mit Werbungen für Küchen-Accessoires nahezu torpediert. Und ich tappe nahezu jedes Mal brav in die Falle. Denn der Algorithmus hat meine Geschmackskoordinaten ganz präzise auf dem Radar.

Die kanadische Psychiaterin Shimi Kang behandelt seit fast 20 Jahren in Vancouver Kinder mit Suchtproblematiken. Computerspiele und soziale Medien sind jetzt ihr größter Nachschubgarant. Das Gehirn merke sich einfach Wege, die die Illusion vermitteln, sich größer, stärker und sicherer zu fühlen. Im »Spiegel« sagt Kang, was sich inzwischen in uns allen zur betonharten Gewissheit verdichtet hat: »Das Internet wird nicht mehr verschwinden. Man wird in dieser neuen Welt zurückbleiben, wenn man nicht lernt, sich darin zurechtzufinden.« Und damit klarkommt, sich auch einmal für Stunden abzukoppeln. »Emotionale Selbstregulierung« nennt die Psychiaterin das.

Im Zuge der Lockdown-Abenteuer, die uns das verfluchte Jahr 2020 beschert hat, haben uns sämtliche Psycho-Experten erklärt, dass wir eine Struktur in unseren Tag bringen müssen, sprich nicht den lieben, langen Tag im Schäfchen-Pyjama herumlungern dürfen, unsere Wohnung besuchsfein halten und nicht beim Konsum von »Netflix«-Zombieserien unkontrolliert bunt belegte Brote in uns hineinstopfen sollen. Ähnliches rät die Kanadierin auch älteren Kindern mit einer gröberen digitalen Suchtproblematik. Sie mögen sich ein Blatt Papier mit 24 Linien zur Hand nehmen und dort die Zeit markieren, die sie

Schlaf, Hygiene, Essen, Sport, Beziehungen, Freundschaften widmen wollen. Der Rest könne dann ohne schlechtes Gewissen dem Flanieren im Netz gewidmet werden.

Klingt jetzt etwas entwürdigend für erwachsene Menschen, die noch nicht die Kontrolle über sich selbst verloren haben. Oder das zumindest meinen. Aber tatsächlich ist meine Konzentration schwer zu kontrollieren, sie hat jede Menge durchlässige Stellen und macht an manchen Tagen, was sie will. Und ich eigentlich nicht will.

Der amerikanische Neurowissenschaftler Daniel Levitin beschreibt in seinem Buch »The Organized Mind«, in welch bedenklichen Zustand unsere innere Biochemie durch diese permanente Torpedierung mit Mini-Impulsen gerät: »Der Effekt dieses Prinzips ist: Wir werden dafür belohnt, dass wir uns nicht mehr konzentrieren können, und suchen deswegen permanent Stimuli von außen.«

Der kanadische Autor Douglas Coupland, der die Lebensgefühl-Bibel der heute 50-Jährigen, »Generation X«, verfasst hat, bezeichnet in seinem »Leitfaden für die extreme Gegenwart« die Konsequenz dieses sprunghaften Verhaltens als »Zeitschmelze«: »Die so wahrgenommene Verkürzung des durch Multitasking übereffizient gewordenen Lebens lässt nicht mehr genug Zwischenräume für konkretes eigenes Erleben zu.«

Nur: Weiß ich in meinem Zustand der digitalen Dauernervosität überhaupt noch, wie ich mit dieser Lebenszeit analog umgehen könnte?

Auf Instagram formuliert eine Satirikerin namens »Queens Over Bitches« die Gebote der Stunde: »Lasst uns unsere Profile löschen. Kochen wir gemeinsam Abendessen! Wachen wir zu Morgensex auf, anstatt unsere Likes zu checken! Lasst uns die Welt ganz privat bereisen, ohne daraus einen Snapchat zu machen.«

Ein Meme kursierte kürzlich mit dem Text: »Ich habe heute einen Typen bei Starbucks gesehen. Ohne iPhone. Ohne Tablet. Ohne Laptop. Er saß einfach nur da und trank seinen Kaffee. Wie ein Psychopath.«

Ein New Yorker Hipster, der unter dem Insta-Pseudonym »Dude with A Sign« sozial-mediale Berühmtheit erlangt hat, lässt sich ständig mit Pappschildern in den hocherhobenen Händen fotografieren, auf denen handschriftlich notierte Sätze mit Inhalten wie »Hört auf, ständig eure Workout-Videos zu posten!«, »Niemand schert sich darum, welche Disney-Figur du bist« oder »Schluss damit, meine Messages zu reposten« zu lesen sind. Zusätzlich führt er noch einen Antikapitalismus-Kampf mit Parolen wie: »Gebt endlich mehr Chips in die Packungen!«

Einsam in Zoomistan

Auch viele der »digital stars« sind ganz offensichtlich schon von virtuellem Burnout geplagt. Und entwickeln Sehnsüchte nach mehr Analogie in ihrem Leben. Der damit verbundene Humor hat durchaus tröstliche Wirkung. Scherz und Schmerz sind ja nicht von Ungefähr nur durch einen Konsonanten getrennt, und die Phrase »Da haben wir Tränen gelacht« hat durchaus einen doppelten Sinn. Solche Ausreißer der Selbstreflexion haben auch etwas Beruhigendes. Man fühlt sich dann nicht so allein mit seinem »Unbehagen in der Kultur«, um Sigmund Freud zu bemühen.

Nachdem 2020 Zoom auf vielen Ebenen in unserem Leben Einzug gehalten hat, in Form von Konferenzen, Cocktailpartys, Kaffeepläuschchen etc., zeigte ein Cartoonist des »New Yorker«

die tragisch-komischen Grenzen des sozialen Parallellebens. Auf einem runden Tisch steht einsam eine Geburtstagstorte, die nur von aufgeklappten Laptops umkränzt ist.

Das Kind kläfft mir bei einem herrlich altmodischen Telefonat (wir haben uns auf Zoom-Diät gesetzt) zu, dass ich mir gefälligst die Netflix-Dokumentation »The Social Dilemma« anzusehen habe: »Damit du einmal siehst, Muttertier, wie wir uns alle freiwillig verpeilen lassen.« Tatsächlich wird einem übel, wenn aus den Sekten Twitter, Facebook und Instagram ausgetretene Super-Nerds über die Manipulationsfertigkeiten von Zuckerberg & Co plaudern.

Schlüsselsätze der blassen Jungs mit den Krankenkassabrillen in dem Film sind: »Sie wissen, dass dein Dopamin-Haushalt immer und immer mehr Likes braucht«, oder: »Es geht nicht um Produkte, um die geworben werden soll, das ist ein großes Missverständnis. Denn du selbst, du bist das Produkt.« Das klingt sehr nach George-Orwell'schem Old-school-Pessimismus, aber die Typen, die diese Warnungen mit finsterem Blick von sich geben, sind relativ jung und waren beim Bau von Siliconhausen an vorderster Front dabei. Solche Anmerkungen gerade aus ihren Mündern zu hören, ist doppelt beklemmend.

Während ich das »Dilemma« streame, kontrolliere ich übrigens nervös auf Instagram das Herzchen-Aufkommen meines Claus-Peymann-Fotos nach der Premiere von Thomas Bernhards »Der deutsche Mittagstisch« im Wiener Theater in der Josefstadt. Und seit wann ein Herr, der mir nicht ganz wurscht ist, auf WhatsApp offline ist. Hat der vielleicht sogar ein Leben, in dem ich eine marginale oder gar keine Rolle spiele? Wie sonst lässt sich dieses durch und durch exzentrische Verhalten (offline, Oida, geht's noch?) eigentlich erklären?

Zur nervlichen Beruhigung pirsche ich mich noch ein wenig in die Instagram-Accounts jener Menschen, die knietief im Glamour waten und ein so viel tolleres Leben als ich selbst haben, und fühle mich danach klein und entsprechend deprimiert.

Zwecks Gemütsauflockerung ein Besuch in der Facebook-Gruppe von Opfern narzisstisch gestörter Menschen: Eine Dame postet, dass ihre elf Frettchen ihr wieder die nötige Kraft geben, ein gesundes Verhältnis zu sich selbst zu entwickeln (»Wer braucht da eine Beziehung, wenn man so dolle geliebt wird...«). Und sie plant, den jetzt wieder um sie buhlenden Ex, dessen Profile sie eigentlich natürlich alle kurzzeitig gelöscht hatte, ins Nirvana zu schicken. Dazu gibt's ein befremdendes Fotodokument in Form einer Kussszene mit einem dieser Frettchen. Vielleicht macht diese Art von Bühne die Frettchen-Frau ja glücklich. Zumindest vordergründig. Denn diese Frau wirkt einsam. Und wir, wir fühlen uns alle fast ein bisschen besser nach dieser voyeuristischen Flaniertour durch das Elend anderer Menschen.

Ganz im Sinne von Fran Fine, Sitcom-Göttin der 1990er-Jahre und coolstes Kindermädchen seit Mary Poppins, die ihren Beutekindern in »The Nanny« die Lebensweisheit mit auf den Weg gab: »Wenn es dir nicht gut geht, Schätzchen, besuche einfach nur Menschen, denen es viel schlechter geht.«

Es ist tatsächlich erstaunlich, mit wie viel – für Beobachter oftmals schmerzhaftem – Exhibitionismus Menschen ihre digitalen Chroniken zum Schauplatz ihrer intimsten Verwundungen machen: Sie zeigen ihren frisch operierten Hallux, vermelden medizinische Protokolle ihrer Darmbeschwerden (»Hey, habt ihr auch so oft dünnen Stuhl?«) in Begleitung trauriger Selfies, beklagen sogar, ohne sich offensichtlich einen Moment privater Trauer zu gönnen, den Verlust geliebter Menschen auf dieser Plattform oder installieren nachgerade Liveticker zu ihren Krebserkrankungen. Vielleicht geht es diesen Menschen ja tatsächlich besser, wenn dann 300 ihrer »Freunde« oder »Follower« die gleiche Plattitüde als Kommentar daruntersetzen: »Ich wünsche dir ganz viel Kraft in dieser schweren Zeit« oder: »Schicke dir ganz viel positive Energie!«. Sehr gerne werden in solchen Zusammenhängen auch die Adjektive »betroffen« und »berührend« von den Kommentatoren zum Einsatz gebracht. Dabei gibt es doch im Internet zahlreiche Websites, von denen man originellere Variationen von Beileidskundgebungen einfach in die Kommentarleiste kopieren könnte.

Die Macht erzählter Geschichten
Kaum jemand macht sich die Mühe, selbst geistig loszuturnen und seiner eigenen Fantasie einen Kickstart zu geben. Trauer ist doch eines der intimsten Dinge. Als meine über alles geliebte Großmutter starb, wollte ich nur die mir nächsten Menschen um mich haben und kochte wie verrückt. Die Idee, meinen Schmerz auf sozialen Medien publik zu machen, kam mir gar nicht. Mehr noch: Sie erschien mir geradezu obszön.

Ich erinnere mich an eine Reportage für »profil«, bei der ich mehrere hundert Schüler auf ihrer Exkursion in das Vernichtungslager Auschwitz begleitete. Im Zentrum dieser Reise stand der damals 104-jährige Marko Feingold, ein kleiner, eleganter Mann mit einem verschmitzten Maurice-Chevalier-Lächeln, der als junger Erwachsener Auschwitz und drei andere KZ-Höllen überlebt hatte. Die Kinder hingen an seinen Lippen, denn Feingold erzählte mit unermüdlicher Energie, oft bis in die späten Abendstunden, über den Lageralltag und wie er es geschafft hatte, zu überleben.

»Oral history«, also erlebte Geschichte in ihrer faszinie-
rendsten Form, vor Ort und von einem solchen Zeitzeugen – eigentlich ein viel zu schwaches Wort –, von einem solchen Ver-
gangenheits-Spürbarmacher: Was für eine faszinierende Kraft
davon ausging! Kein TED-Speech, keine Zoom-Konferenz, kein
YouTube-Film hätte auch nur annähernd diese Intensität von
Authentizität einfangen können. Ich war damals sehr glücklich,
in diesen drei Tagen dabei sein zu dürfen und liebte meinen Job,
weil er mir neben viel anstrengendem Deadline-Stress solche Begegnungen überhaupt ermöglichte.

Feingold schilderte mir damals, dass eine Methode des seelischen Überlebens das gegenseitige Erzählen von Geschichten
gewesen war. Während er und seine Mitleidenden, alle ihrer
Kräfte längst beraubt, den gefrorenen Boden aufharken mussten, hielten sie sich mit Geschichten aus dem unbeschwerten
Leben auf den Beinen. Er erzählte seinen Mithäftlingen vor allem von seiner Zeit in Italien, als er mit seinem Bruder die mon-
dänen Hotels der Riviera abklapperte, um dort Bohnerwachs
zu verticken. Und schwelgte trotz ständiger Todesangst in den
opulenten Pasta-Gerichten, die sie sich damals in Italien nach
den erfolgreichen Bohnerwachs-Verhandlungen gegönnt hatten, ehe sie diverse Signorinas zum Tanzen einluden. Die Idee,
dass die Menschen einander in dieser unvorstellbaren Extrem-
situation mit Anekdoten von einem heiteren, unbeschwerten
früheren Leben Trost verschaffen konnten, war einfach nur
schön.

Später wurden die Schüler gebeten, Zettel mit einem Satz,
der der Ermordeten gedachte, oder einem Wunsch an die Zukunft auf die stillgelegten Gleise zu legen. Sehr schnell machte
sich unter ihnen Verunsicherung breit und viele, eigentlich die

meisten, zückten ihre Smartphones, um im Internet nach einem passenden Satz für ihre Botschaft zu suchen. Ohne den Schutz des Netzes kein geistiges Gehen. Am Ende der Reise fragte eines der Kinder Marko Feingold, wie denn sein Lebensmotto laute. Feingold lächelte verschmitzt und sagte: »Ich bin da.« 2019 ist Marko Feingold im Alter von 106 Jahren gestorben. Aber er ist immer noch da.

Er hat mit dem Satz »Ich bin da« natürlich damals sein Überleben gemeint, aber ich musste bei der Heimreise im Autobus immer wieder an diesen Satz denken, als die Kids nach diesen intensiven drei Tagen wieder in Dauersymbiose mit ihren Displays gingen. Sie waren schon wieder nicht mehr da. So kann das Erlebte gar nicht sickern, sondern verflüchtigt sich sofort in alle Wahrnehmungs-Winde.

Ach, die goldenen Achtzigerjahre!

Die vorhin erwähnte Thomas-Bernhard-Inszenierung von Claus Peymann, dessen Verbeugungs-Bild ich natürlich sofort nach dem Schlussapplaus als Nachweis meiner bildungsbürgerlichen Verlässlichkeit auf Instagram gepostet habe, war übrigens im September 2020 Corona-bedingt mein erster Theaterausflug seit Monaten gewesen. Mir kamen nahezu die Tränen, als ich diese schauspielenden Echtmenschen auf der Bühne ein völlig analoges Universum kreieren sah und der 83-jährige Peymann sich danach mit Wehmut im Gesicht die wohlverdienten Jubelrufe abholte. No filter needed, dachte ich mir angesichts dieses Bollwerks an Authentizität, und musste schnell nach Hause. Wenn ich so gerührt bin, kann es bei mir nämlich flugs ins Peinliche kippen. Dann ist nämlich #nichtfremdsondernselberschämen angesagt.

»Wir müssen sehr glücklich sein«, sagte der Dokumentar-
filmer Richard Rossmann, ein langjähriger Freund, mit dem ich
vor einiger Zeit über salzburgische Wiesen stapfte, »dass wir
diese Welt noch ganz analog erleben durften.« Eigenartig. Auch
der Fortpflanz, der 31 Jahre jünger ist als ich, hat kürzlich ge-
seufzt: »Mama, ich beneide dich wirklich sehr, dass du die Achtzigerjahre in deiner Blüte erleben konntest.«

Sehr charmant, ich hab' dich auch sehr lieb, Stella. Ich dachte unwillkürlich an Marcel Proust und seinen schönen Satz über
eine Pariser Lebedame: »Sie sah aus wie eine Geranie von gestern.« So ähnlich sah mich wohl das Kind.

Doch Literatur à la Proust, wo über mehrere Seiten der Falten-
wurf eines Kissens beschrieben wird, sagt dem Fortpflanz natürlich nichts mehr. »Voll zach«, hieß es über solche Lektüre in ihrer
Schulzeit, »zach« als Slang-Variante für »zäh«. Schließlich hat
die ganze Klasse die Leselisten im Deutschunterricht mit Wiki-
pedia-Inhaltsangaben abgearbeitet. Inzwischen liest das Kind.
Dem Himmel sei Dank. Die Lebensbeichten von US-Komikerin-
nen, die es mit politisch-inkorrektem Humor zu Millionärinnen
gebracht haben, hauptsächlich. Aber immerhin. Manchmal gehen die Samen, die man versucht hat zu säen, eben erst nach Jahren auf. Was für ein Stammbuch-Pathos, bitte um Nachsicht.

Die Achtzigerjahre. Als sie das Kind erwähnte, machte sich
in mir Veteranen-Nostalgie breit. Dabei galten schon die als das
Jahrzehnt der Oberflächlichkeit mit ihren Schulterpolstern, der
Dosenmusik der Pet Shop Boys, Ivana Trumps toupierter Mähne,
der Gier nach Selbstinszenierung und durchaus auch Selbstoptimierung und dem Spaß-Kapitalismus der Yuppies.

Man lacht sich heute schief, wenn man daran denkt, dass man
rund um 1982 Freundinnen bat, im damals schwer angesagten

Künstlertreff Café Hawelka anzurufen. Nur damit man sich dort vom Kellner, einem Herrn Eduard, das war damals der Hawelka-Kellner-King, im Gewusel ausrufen lassen konnte. Wenn der Herr Eduard laut und entsprechend entnervt den Namen über das Kaffeehaus-Stimmengewirr schnarrte, erhob man sich entsprechend stolz und schritt, aufgepumpt von seiner plötzlichen Bedeutung, in die Telefonzelle, um pseudowichtig diesen Anruf entgegenzunehmen. Na ja, ich kam aus der Provinz und war damals noch eine Novizin im großstädtischen Auftreten.

Während ich mit meinem Freund Richard über die Salzburger Schollen spazierte, flanierten wir auch durch unsere Erinnerungen im netzfreien Paläozoikum: Festnetz, Viertelanschlüsse, meine Eltern hatten im Zuge meines spätpubertären morbus telefonitis ein Vorhängeschloss an der Wählscheibe montiert, die Einführung der Tastenapparate setzte diesem Unfug dann ein Ende. Nicht zu vergessen jene Fernsehevents, die ganze Familien um den Bildschirm versammelten und somit den Lagerfeuer-Gedanken reanimierten.

Wir erinnerten uns an die Vorfreude auf den Erscheinungstag einer LP, eines Films, eines Buches, Vorfreude ist ja die Präsidentin der Gesellschaft für Freuden aller Art. Das Knistern einer zu oft gespielten Vinylscheibe auf dem Plattenteller, der fantastische Sound, der so viel mehr Ecken und Kanten zeigte, als jeder heruntergeladene Spotify-Song es heute kann. Freundschaftspflege durch echte Begegnungen. Penetrant klingelnde Wecker, auf die man schlagen konnte, statt dreimal hintereinander die Snooze-Funktion zu aktivieren. Telefonbücher. Verbeulte Filofaxe, dicht bekritzelt mit Terminen, Erinnerungen, versehen mit Zettelchen, Zeichnungen, Fotos, manchmal auch bescheuerten Stickern. Wo werden unsere Kinder solche

Momentaufnahmen ihrer Biografie finden? Mit Sicherheit nicht in säuberlich organisierten Fotoalben, wie sie meine Großmutter noch klebte, wobei sie unter die Fotos liebevoll mit weißer Tinte Bildzeilen mit Jahreszahl, Ort und exakten Namen der Abgebildeten schrieb.

Ich habe zwar drei wunderschöne und riesige Kisten voll mit Fotos in den Rubriken Fortpflanz, Familie, Freunde, aber der Vorsatz, daraus Alben zu gestalten, ist noch nicht zur Tat eskaliert.

Beim Stöbern in der Kiste »Freunde« bleibe ich an Bildern von diversen Interrail-Trips hängen. Einen Monat lang mit einem Zugticket durch ganz Europa. Damals arbeitete man sich mit Fragen und Gesprächen zu Geheimtipp-Locations vor und musste sich von der Feuerwehr frühmorgens von glamourösen Stränden spritzen lassen. Heute konsultiert man ein paar Reise-Blogs und kann hautnah nachvollziehen, wo die dazugehörigen Influencer gratis Urlaub machen konnten.

Verbal waren wir damals ausgeschlafener, denn man artikulierte sich in ganzen, völlig selbst erfundenen Sätzen, statt in von Ausrufezeichen umkränzten Wort-Kastrationen à la »LOL« oder »YOLO« (Laughing out loud / You only live once) seiner Gefühlslage Ausdruck zu verleihen.

Diese Kürzel, die inflationär unter Postings oder Whats-App-Botschaften gesetzt werden, funktionieren heute weltweit. Die Globalisierung hat auch vor der Sprache nicht haltgemacht. Ebenso wenig wie vor den Geschäftsstraßen in den Metropolen von Wien bis New York, wo sich überall die gleichen Nike Stores, Sephora-Läden und Michael-Kors-Boutiquen aneinanderreihen und die Geschäfte, die ausschließlich Knöpfe oder in Handarbeit geschichtete Baumkuchen oder eigenartige Nachthemden in allen Sorbet-Tönen, wie sie nur die Queen wirklich überzeugend tragen kann, verkauften, allmählich verschwanden.

Mein Spazierfreund Richard ist fast ein Jahrzehnt jünger als ich und alles andere als ein engstirniger Kulturpessimist, der die Digitalisierung unserer Welt, unserer Wahrnehmung und unseres Bewusstseins verteufeln würde.

Klar ist das Internet großartig. Fantastisch. Niemand will die Welt zurückdrehen. Es spart Zeit. Ich weiß in Sekundenschnelle, dass Charles Darwin an unheilbarer Seekrankheit litt, obwohl ich nur den Namen seines Expeditionsschiffs recherchieren wollte. Es spart Wege. Ich habe den gesamten Briefwechsel von Sigmund Freud nach der Emigration nach London mit einem Klick zur Hand und muss nicht in Washington in der Library of Congress meine Zelte aufschlagen. Das Recherchieren für fette Titelgeschichten hatte in meinem früheren Journalistenleben Wochen gedauert: analoges Wühlen in brüchigen Kartons in fein- und grobstaub-lastigen Archiven, mühselige Anreisen für Interviews, verärgerte Archiv-Ladies, denen man die braunen Kisten mit den zerknitterten Zeitungsartikeln nicht rechtzeitig zurückgebracht hatte.

Sollte ich heute ein kleines Schaffenstief haben, bietet mir das Netz an, doch einfach einmal einen Energieengel zu markieren, der mir wieder auf die Sprünge helfen könne. Doppelschwöre: Ich habe noch nie in einer Eso-Boutique ein Edelsteintherapie-Set geordert. Hier versagt der Algorithmus. Aber natürlich drängt sich in diesem Zusammenhang auch die Frage auf: Was für einen Sinn hat mein Leben eigentlich bis dato ohne solche Energieengel gemacht?

Wussten Sie, dass in Deutschland jeder zweite tatsächlich an Engel glaubt? Ich erinnere mich gerade an eine Lesung, die ich in

einer riesigen Buchhandlung an einer Wiener Shopping-Schlag-
ader gemacht habe. Ich war damals etwas enttäuscht, dass mein
letztes Buch nicht so abgehoben hatte, wie ich es mir erhofft
hatte. Als mich die reizende Leiterin des Ladens durch die men-
schenleeren Hallen mit den diversen Bestseller-Tischen eskor-
tierte, sagte sie aufmunternd: »Wenn Sie wirklich was verkaufen
wollen, müssen S' halt was über Engel schreiben.« Noch kann
ich an mich halten.

Raus aus dem digitalen Supermarkt

Aber sehen Sie: schon wieder totales Themen-ADHS. Gerade
einmal einen kurzen Popsong lang ist man in der Lage, sich auf
ein Thema zu konzentrieren. Ablenkungsmöglichkeiten, so weit
das Auge reicht.

Ich habe zum Beispiel soeben auf meiner »New York
Times«-Koch-App die besten Bolognese-Rezepte (inklusive der
entsprechenden Glaubenskriege: Zwiebel ja oder nein, Dosen-
tomaten oder nur frische) sondiert. Auf YouTube zeigen mir
Hunderte Pilates-Elfen, wie ich meinen schlaffen Bauch auf Vor-
derfrau bringe. Auch sonst ist das ganze Universum in Sekundenschnelle in Griffweite: Zestenschneider, Freunde, denen wir
möglicherweise nie in Echtzeit begegnen werden, Fuckbuddies,
Bohrmaschinenaufsätze, Verner-Panton-Vintage-Stühle, der
neue Roman von Nick Hornby, die neue Platte von Bob Dylan
(ein Meisterwerk übrigens – »Rough and Rowdy Ways«), Zoom-
Dates mit Interview-Partnern, virtuelle Cocktailpartys, ratten-
scharfe chinesische Hangover-Suppen, die uns ein vom Leben
zermürbter, weil entsprechend unterbezahlter Fahrradbote ir-
gendeines digitalen Restaurant-Services innerhalb kürzester Zeit
in unsere Cocooning-Höhlen bringt.

Das Überangebot von eigentlich ohnehin allem macht uns entsprechend nervös. Die Welt ist wie ein riesiges Supermarktregal, in dem hundertfache Variationen von Joghurts ausgestellt sind. Wir wollen eigentlich nur ein simples, völlig ordinäres Joghurt, werden aber durch diese Monster-Auswahl in eine Art Entscheidungsstress gestürzt, der uns mit einem Gefühl von nervöser Überforderung und Ratlosigkeit zurücklässt.

»Wir befinden uns gerade in der digitalen Pubertät und greifen völlig impulsgetrieben nach dem Smartphone«, erklärt der deutsche Neurologe Volker Busch in einem Zeitungsartikel mein, unser aller Dilemma. Ja, wir haben einfach noch nicht gelernt, das virtuelle Paralleluniversum kontrolliert und dosiert handzuhaben.

In einem langen Interview, das ich mit Konstantin Wecker nach seiner überstandenen Kokainsucht geführt hatte – es ist Jahre her –, sagte Wecker: »Es ist nicht die Droge per se schlecht, nur können wir noch nicht damit umgehen.« Genauso geht es uns wahrscheinlich mit dem Netz. Vielleicht taugt auch folgender Vergleich, um unsere aktuelle Tollpatschigkeit und Suchtanfälligkeit für unseren ausufernden Netzkonsum zu erklären: In dem Moment, als Lebensmittel jederzeit und im Überfluss verfügbar waren, begannen die Menschen, an Fettleibigkeit zu leiden, und Übergewicht wurde zu einer Zivilisationskrankheit.

Wahrscheinlich sind wir eben auch solche Bruchstellen-Menschen, eben zwischen analogem Leben und Digitalisierung. Und müssen einfach lernen, jene Teile der Alltagskultur wieder einzusammeln, deren Verlust erst durch ihr langsames Verschwinden richtig schmerzhaft auffällt.

Den Rest des damaligen Spaziergangs verbrachten mein Freund Richard und ich damit, die herrlichen Seiten des analogen Lebens zu preisen: Wenige Freunde zu haben, die man aber besser kennt als je befürchtet. In von wilden Emotionen gelenkter Handschrift Briefe zu verfassen. Einen Menschen zu entdecken, anstatt ihn zu tindern und in Folge natürlich zu googeln. »Can you google the guy?«, ist ja unter Männer-Jägerinnen weltweit eine gängige Phrase, um die Paarungstauglichkeit eines potenziellen Objekts der Begierde abzuchecken. Echte Vollzeitaufmerksamkeits-Gespräche ohne Nebenkommunikations-Baustellen. Nicht in ständiger Versäumnispanik leben, dass einem vielleicht was Wichtiges, wie das Angebot einer Penisverlängerung, entgangen sein könnte. Oder eine Mail aus Nigeria mit dem Angebot, Millionen Dollar eines verstorbenen und angesehenen Geschäftsmanns ohne Erben auf mein Konto zwischengeparkt zu kriegen.

Lena Wittneben, eine deutsche »Edutainerin« (hat wahrscheinlich was mit Erziehung, die Spaß machen soll, zu tun), verdient sich ihr Geld mit digitalen Detox-Seminaren. In einem Interview mit der deutschen »Vogue« sagte sie: »Die fear of missing out führt dazu, dass uns das Gespür abhandenkommt, beurteilen zu können, was wichtig ist und was nicht. Ebenso wie die Gelassenheit, nicht alles wissen zu müssen.«

Gelassenheit, das ist der Zustand, den es unter allen Umständen zu erreichen und zu festigen gilt. Und zwar ohne den Klangschalen-Kitsch und beleuchteten Mini-Buddhas auf dem Bücherregal.

Ich beschloss, mein Leben wieder verstärkt auf die Old-School-Spur zu bringen. Ich schwor mir, mich in Zukunft vor allem um meine eigenen Sonnenuntergänge zu kümmern und nicht mehr um die der anderen, die ich oft durchaus auch als neiderfüllter Zaungast betrachtete. Neid vergiftet das emotionale Immunsystem. Wenn mich die berühmte Fee fragte, welche Gefühlsfacette ich aus meinem Repertoire streichen möchte, dann wäre es das N-Wort.

Der österreichische Schriftsteller Daniel Kehlmann sprach mir aus dem Herzen, als er in der »Neuen Zürcher Zeitung« nach einem Dreivierteljahr in Coronistan resümierte: »Das Freundschaftliche, Menschliche, Intime lässt sich auf einem kleinen Bildschirm nur schwer übertragen. Der Mensch ist kein digitales, er ist ein analoges Wesen.« Nur hat der Mensch das manchmal leider vergessen. Deswegen diese kleine Rückholaktion in Buchform: Sie soll uns die uns langsam entgleitenden Teile unserer Alltagskultur wieder ans Herz legen. Nennen Sie mich ruhig eine naive Epochenverschlepperin, mit dieser Etikettierung kann ich nicht nur, sondern möchte ich gerne leben. Ganz im Sinne der freibeuterischen Pariser Schriftstellerin Colette, die am Ende ihres Lebens bilanzierte: »Was für ein herrliches Leben hatte ich! Ich wünschte nur, ich hätte es früher bemerkt.« Ich hänge mir Colettes Satz wie eine kostbare Kette ums Gemüt.

Das letzte Geschenk meiner seit 2013 so schmerzlich vermissten Freundin Marga Swoboda, einer genialen Journalistin, die zeitlebens ihre Texte in eine Schreibmaschine klopfte, ist ein Fotobuch eines Pariser Straßenfotografen. In dem Bildband sind auch Szenen des befreiten Paris nach der Nazi-Besatzung zu sehen. Wie die Menschen einander da in einem Rausch der Erleichterung in die Arme fallen. Und in der Folge mit glückseliger Andacht jene Dinge tun, die ihnen vor dem Krieg eine Selbstverständlichkeit gewesen waren, an die sie aber damals keinen Gedanken verschwendet hatten. So ähnlich werden wir uns auch fühlen, sobald das C-Ding unter Kontrolle gebracht sein wird.

Das letzte Foto, das ich von mir und meiner Freundin habe, zeigt uns lachend vor einem kleinen Laden in St. Germain, in dem ausschließlich Regenschirme in allen Farben angeboten wurden. Wie lange werden solche Geschäfte wohl noch überleben? Wann wird aus der Lokalität ein Michael-Kors-Taschengeschäft oder eine Franchise-Filiale eines japanischen Kofferherstellers? Wobei die riesige Metropole Paris insofern eine so seltsame wie charmante Stadt ist, als sie sich in einigen Vierteln allen Hedgefonds-Offensiven zum Trotz einen dorfähnlichen Charakter mit winzigen Pasteten-Läden, altmodischen Bäckereien und Boutiquen mit süßem, handgefertigtem Unsinn bewahren konnte.

In der Zeit, in der ich an diesem Buch arbeite, wurden wir pandemiebedingt zum zweiten »Knockdown«, so der herrliche Freud'sche-Versprecher einer Wiener Unternehmerin, verdonnert, diesmal inklusive einer Ausgangssperre von 20 Uhr bis 6 Uhr morgens. Danke, liebe Regierung, für diese Verjüngungskur: Endlich fühlte man sich wieder einmal wie mit zwölf Jahren. Im ersten Corona-Exil schrieb ich einen Brief an die Freiheit, so wie ich als Kind Wunschlisten an das Christkind verfasst hatte:

»Liebe Freiheit!
Ich möchte wieder in einem menschenbrummenden
Café Engländer Beef Tatar essen. Dort unvernünftig lange
Schmäh-Pingpong mit meinen Freunden führen. Die
Garderobe des Rabenhoftheaters riechen und mich dort in
mein bescheuertes Nymphen-Kostüm, für das hundert
unschuldige Polyester ihre Leben lassen mussten, zwängen.
Auf den Wellen des Lachens, die aus dem Zuschauerraum
schwappen, surfen.

Ich möchte von meiner Mutter gesagt bekommen, dass mein Blick wesentlich frischer sein könnte und sie mir zum nächsten Geburtstag eine Augenanhebung spendieren würde. Und nicht nur ihre manchmal etwas anstrengenden Kommentare zum Zeitgeschehen in der WhatsApp-Gruppe unserer Familie sehen.

Ich möchte mich endlich wieder mit dem in Berlin lebenden Fortpflanz analog schreiduellieren, bis wir uns krummlachen. Seitdem unser Besuchsleben auf Stop-Taste gedrückt wurde, habe ich sie während des gesamten verfluchten Jahres gerade einmal eine Woche gesehen.

Ich möchte endlich wieder allen Oberkellnern der Welt zurufen: »Einer geht noch!« Im Gegenzug, doppeltes Indianerinnen-Ehrenwort, werde ich nur ganz allein spazieren gehen, alle ausschließlich indisch grüßen und meine Selbstgespräche (›Wie geht's denn so?‹ – ›Frag mich besser nicht!‹) in erträglichem Rahmen halten. Liebe Freiheit! Lass das Leben bald wieder mehr Paris als Amstetten sein.

In äffischer Liebe – Deine Polly«

Tatsächlich war dieser Brief nicht nur eine Sehnsuchtserklärung an das Prä-Pandemie-Leben, sondern auch an jene »Welt von gestern«, wie Stefan Zweig seinen melancholischen Abgesang auf die Epoche vor dem großen ersten Krieg nannte – in meinem Fall eine digital unverpeilte, unkompliziert analoge Welt.

»Melancholie«, schrieb Anton Kuh, »ist Heimweh nach sich selbst.« Aber allzu moll soll es jetzt bitte auch nicht werden, schließlich haben wir noch alle Chancen, uns unser persönliches Paris zurückzuholen. Zumindest in kleinen Bausteinen.

Das Foto, das auf dem Umschlag dieses Buches in eine Tapete meines Lieblings-Designers Josef Frank eingebettet ist, zeigt einen meiner Lieblingsschauspieler, Marcello Mastroianni, im Dolce-Vita-Modus; die ekstatische Dame, die auf dem Tisch Hüftschwünge de luxe ausführt, ist Raquel Welch. Die Party wurde im Juni 1966 in Rom geschmissen, der Film dazu (»Spara forte, più forte, non capisco« – zu Deutsch in etwa: Schieß laut, lauter, ich hör' dich nicht) dürfte den zeitgenössischen Kritikerstimmen zufolge weit unter dem Niveau der Sause gewesen sein. Ich habe mich in dieses Foto verliebt, weil es pulsierendes, verjazztes, ausgelassenes Leben atmet.

Konsequenterweise hätte ich dieses Buch auf einer Underwood klappern sollen, auf so eine Schreibmaschine hatte ich meine ersten Geschichten mit dem Zweifingersystem gedroschen. Sie sah aus, als ob sie der Buchhalterin eines kugeldurchlöcherten Saloons im frühen Wilden Westen gehörte. Das ging mir dann aber doch zu weit. Außerdem habe ich leider keine Ahnung, wo die Maschine geblieben ist.

Ruhmservice

»Sei bitte nicht so ein Instagram-Opfer ...«
STELLA HAGER, *Baujahr 1994*

»Hilfe«, flüsterte meine Freundin K., »ich werde sie einliefern müssen.« – »Wen?« – »Meine Mutter. Sie leidet an Instagramitis und postet im Minutentakt.« – »Aber ist das nicht ein kollektives Leiden, irgendwie?« – »Ahnungslose! Schau dir das an, das ist doch pathologisch.« Sie klappte ihr iPad auf und zeigte mir die Bilder einer zweifelsfrei gut erhaltenen Endsechzigerin, die im Badeanzug nach Art von 20-minus-Models aus dem bulgarischen Raum posierte: den Mund pseudolasziv eine Haselnussbreite geöffnet, ein grimmiger, nahezu an Melania Trumps verkniffene Sehschlitze gemahnender Blick und (wirklich Hilfe!) auf allen Vieren vornübergebeugt, ihren Tuches (das schöne jiddische Wort für Hintern) Bereitschaft signalisierend in die Höhe gereckt, all diese Offenherzigkeiten mit einer tollpatschigen Photoshop-App bearbeitet. Zwischen diesen »Playboy für Arme«-Inszenierungen waren auf ihrem Instagram-Account noch die üblichen Spaß-im-Schnee-Sujets, pseudonatürliche Schnappschüsse mit wehenden Haar-Extensions und grünen Drinks am Strand, Geschnäbel mit dem etwas jüngeren Stiefvater vor Champagnerbuden. Die Hashtags hatten es auch in sich, unter jedem Foto zirka 25, Marke #soblessed, #besthubbyintheworld, #lifeisbeautiful. »Und als ob das nicht alles schlimm genug wäre, will sie jetzt eine Influencer-Karriere für Konsumprodukte der Generation Silver Surfers beginnen. Gegen meine Mutti altert Madonna in Würde.«

Da hatte ich ja wirklich Glück: Meine Mutter hatte gerade erst einmal Emojis entdeckt und befeuerte jede Nachricht mit einer Armada Regenbogen-speiender Einhörner oder Smileys in allen Gemütslagen, beim Posten beschränkte sie sich auf botanische Highlights aus ihrem Garten.

Das Paris-Hilton-Syndrom hatte also nach 20 Jahren die Menschheit flächendeckend erfasst. Als ich meinen Facebook-Account aufklappte, wurde ich darauf aufmerksam gemacht, dass Pepi Pospischil jetzt gleich live on air gehen würde, um Grilltipps abzusondern, und Mechthild Kalchmair, Berufsbezeichnung »collector of happy moments«, möchte, dass ich ihre Fanpage mit einem Gefällt-mir-Däumchen bedenke.

Vor fast 30 Jahren hatte ich in New York mit dem Fotografen Ashkan Sahihi eine Reportage über das damals neue Phänomen des »Public Television« gemacht. Es gab in New York ein paar offene TV-Kanäle, wo Menschen der Selbstinszenierung frönen durften. Wir besuchten damals unter anderem in Queens einen Typen, der sich auf diesem Kanal in seiner Badewanne liegend inszenierte und mit einer Armada Gummi-Entchen das Alltagsgeschehen mit verstellten Stimmen kommentierte. Ein alterndes Porno-Starlet namens Robin gab in einem anderen Teil der Stadt Schminktipps und Betriebsanleitungen für den perfekten Blowjob vor laufender Kamera zum Besten. Alle unsere durchwegs schrägen Interviewpartner wirkten damals sehr glücklich, dass ihnen etwas Öffentlichkeit vergönnt war.

Jahre später kam »Big Brother« mit seinen Container-Gladiatoren; das Ekelfernsehen gipfelte dann im Dschungelcamp. Rückblickend betrachtet alles Kinderkram, bevor Facebook und Instagram unser Leben und unsere Bedürfnisse zur Selbstinszenierung befeuerten und in Folge total umkrempelten.

Der Vater aller Insta-Accounts

Was würde Andy Warhol, der Urvater der Demokratisierung von Ruhm, wohl zu dieser Flut der Selbstinszenierungen sagen? Mit Sicherheit ein enthusiastisches »Like a lot.«

Als Andrej Warhola, so sein bürgerlicher Name, im Juni 1968 im Alter von 40 Jahren nach dem Schussattentat auf ihn frisch operiert in Manhattan in einem Spital zwischen Leben und Tod dämmerte, hörte er die Krankenschwester neben sich schluchzen und die Direktübertragung einer bombastischen Trauerfeier aus der nahe gelegenen St.-Patrick's-Kathedrale aus dem TV-Gerät. Erst Stunden später realisierte er, dass die Menschenansammlung auf dem Schirm, die weinend im Gebet versunken war, nicht ihm gegolten hatte, sondern Robert Kennedy, der am 5. Juni bei einer Vorwahlveranstaltung in Kalifornien einem Attentat zum Opfer gefallen war.

Kippende Realitätsebenen, austauschbare Protagonisten, das Leben als Kunstwerk und die Kunst als zufälliges Nebenprodukt des Alltags – all diese Komponenten verdichteten sich in diesem Moment. Sie bildeten auch das Fundament für das, was Andy Warhol später »Popism« nannte, ein Überbegriff, den er über seine gesamte Kunst- und Lebensphilosophie gestülpt hatte. Seine Polaroids, die er täglich wie besessen von allen und allem, was ihm unterkam, schoss, waren Teil dieser Philosophie, in der die Grenzen zwischen Banalität und Glamour, Beliebigkeit und Kalkül ständig überschritten, ausgereizt und aufgehoben wurden. In einem ähnlichen Konstrukt leben wir auch heute, mehr als 40 Jahre später.

Er selbst wertete seine Chronisten-Tätigkeit gerne ab: »Die Polaroids sind eine Art visuelles Tagebuch, das keine besondere Bedeutung hat.«

Nach der ernüchternden Erkenntnis, dass er leider doch nicht Zeuge seines eigenen Gedenkgottesdienstes geworden war, verlangte er übrigens an diesem Junitag 1968 im Spital nach seiner Perücke und seufzte etwas bedrückt vor dem TV-Schirm, dass die Publicity bezüglich seines Fast-Todes bedauerlicherweise von diesem anderen tragischen Großereignis überschattet worden sei, doch dann tröstete er sich selbst: »Wenigstens hat mich die gute alte Fernsehwelt wieder!«

Der Mordversuch, den Valerie Solanas, Radikalfeministin der Gruppe S. C. U. M. (»Society of Cutting Up Men«), deren einziges Mitglied sie war, auf Warhol in seinem »Factory«-Labor am New Yorker Union Square aus einem 32er-Kaliber ausführte, ließ damals die Preise von Warhols Siebdrucken von 200 auf 15.000 Dollar in die Höhe schnellen. Zwei Bilder, eine »Marilyn« und ein »Elvis«, wurden sogar mit den Einschusslöchern Solanas verkauft.

»Gute Geschäfte sind die beste Kunst« – diesen Satz hatte der Nachfahre tschechoslowakischer Einwanderer schon als sein Credo etabliert, als er in den späten 1950er-Jahren »aus Ermangelung anderer Ideen« Dollarscheine und Suppendosen anfangs abmalte und sie dann im Siebdruck-Verfahren vervielfältigte. Heute erzielen die Arbeiten des ehemaligen Gebrauchsgrafikers und Werbeillustrators auf Kunstauktionen Preise in zweistelliger Millionenhöhe.

Von Warhols Konzept des Künstlers als kapitalistischem Unternehmer in eigener Sache sollten einige bahnbrechende Künstler zehren: der 1990 verstorbene Keith Haring, ein Zögling aus der »Factory«-Schmiede, Jeff Koons, der sich durch seine Hochzeit mit dem Pornostarlet Ilona Staller in den Olymp der Selbstvermarktung katapultierte, Damien Hirst mit seinem langsam vor sich hin rottenden Tigerhai-Präparat oder Tracey Emin, deren von Liebeskummertränen, blutigen Unterhosen und gebrauchten Tampons getränktes Bett »My Bed« als Dauerleihgabe in der Londoner Tate Gallery steht.

Die subversive Attacke auf den Kunstmarkt, dem der britische Streetart-Künstler Banksy (seine Identität ruht bis heute im Verborgenen) seit 20 Jahren mit intelligenter Wendigkeit dessen Beliebigkeit vor Augen führt, gipfelte im Oktober 2018 in einem Selbstzerstörungs-Aktionismus: Im Rahmen einer Sotheby's-Auktion in London wurde die untere Hälfte des Bildes »Girl With Balloon« kurz nach dem Verkauf um 1,18 Millionen Euro durch einen im Rahmen versteckten Schredder zerstört. Durch eine Fehlkonstruktion des eingebauten Schredders wurde nur die Hälfte des Bildes in Streifen geschnitten, wie Banksy später via Videobotschaft publik machte. Die Käuferin, eine Frau von Geld und Sinn für Subversivität, übernahm das Werk trotzdem zum gebotenen Preis, es bekam nur einen neuen Titel: »Love is in the Bin« – Liebe ist im Abfall.

Auf Banksys Instagram-Account (mit dem biografischen Vermerk »Not on Facebook, not on Twitter«) kann man sich an dem Video, das die schreckensgeweiteten Blicke der versammelten Kunst- und Geldcrowd im vornehmen Sotheby's-Auktionssaal einfängt, ergötzen.

Es lief damals alles exakt nach dem Glaubensprinzip von Banksys ideologischem Großvater Warhol, dass gute Geschäfte die beste Kunst sind – und Grenzen da sind, um niedergerissen zu werden.

Im Mai 2019 setzte Banksy noch einen drauf, indem er sich während der Biennale auf dem Markusplatz unter die Touristen-Maler mengte und dort einen Stand aufschlug. Nicht sehr lange, denn bald vertrieben ihn zwei Carabinieris, weil er keine Genehmigung vorweisen konnte.

»Drella«, wie Warhol innerhalb der »Factory«-Truppe genannt wurde, weil er mit seinem bleichen und wächsernen Teint wie eine Mischung aus Cinderella und Dracula aussah, war ein Sonnenkönig der Avantgarde, aber ein Menschensammler, der seine Fundpersonen als Trophäen zu benutzen wusste. In jedem Fall schuf er mit der »Factory« auch eine Arena, in der Ruhm, Glamour und Selbstinszenierung um jeden Preis als oberste Gebote galten.

Warhols »Factory« war ein »allen Mittelklassespießern feindlich gesinnter Ort«, so der Kunstkritiker Richard Woodward in einem Bildband über Warhols Polaroids. Das Buch ist eine Zeitreise, die auch ein wenig melancholisch macht: Da sitzt ein androgyner Jüngling mit Mädchenfrisur, Schlapphut und in gelben Lackschuhen. Es ist David Bowie. Da posiert Liza Minnelli, die inzwischen zur Travestie ihrer selbst verkommen ist, als überirdisch schönes Clown-Wesen. Da lässt ein Bodybuilder namens Arnold Schwarzenegger seine ölglänzenden Muskeln spielen und man hört ihn beinahe, wie er in seinem skurrilen Austroenglish dazu schwadroniert.

»In der Factory konnte jeder seine Wunden zeigen, ohne dabei Angst haben zu müssen«, gerierte sich Warhol als seelischer Mäzen, was natürlich einem hinterhältigen Bluff gleichkam. Denn wenn manche seiner Zöglinge und Jünger den Meister zu langweilen begannen, wurden sie auch ganz schnell wieder entsorgt. Tragisches Beispiel dafür ist das It-Geschöpf Ed Sedgwick, jenes Mädchen aus reichem Haus, das in einem weißen Nerzmantel seinen Hauptwohnsitz hatte und gleich einem Warhol-Accessoire durch die Glitzer- und Exzentriker-Szene

New Yorks flatterte. Als ihr Drogenproblem immer virulenter wurde und sie mit Selbstmord drohte, sah er sie nur müde an und entblößte lakonisch seine Gnadenlosigkeit: »Wenn du soweit bist, lass es mich bitte wissen, damit ich dann auch meine Kamera dabeihabe.«

Drei Jahre später machte sie ernst – mit einer Überdosis Barbiturate, doch da hatte Warhol, der Menschenfresser, längst den Kontakt zu ihr abgebrochen. Für die vom »Rolling Stone« als bester Song aller Zeiten gekürte Dylan-Ballade »Like A Rolling Stone« mit dem wehklagenden Refrain »How does it feel?« soll das Glamour-Opfer »Edie« als Inspirationsquelle gedient haben.

Warhols prophetische Prognose, dass in Zukunft »jeder Mensch seine 15 Minuten Ruhm haben wird« – mit Sicherheit der am häufigsten zitierte Warhol-Sager –, begann ihn schon zu Lebzeiten so zu langweilen, dass er sie einfach ad absurdum führte: »Ich kann es nicht mehr hören. Drehen wir die Sache um: In 15 Minuten wird jeder Mensch berühmt sein.«

Es sollte dann doch etwas länger dauern. Dass im Zeitalter der Selbstinszenierung durch Social-Media-Kanäle die gesamte digitalisierte Menschheit ihr Leben mit bislang ungeahnter Außenwirkung und oft völlig beliebiger Bedeutung hochjazzen kann, hätte ihn heiter gestimmt. Möglicherweise wäre Warhol, der viel Zeit vor dem Fernseher verbrachte, den er, wie er sagte, »gegen ein emotionales Leben« eingetauscht hatte, ein »Keeping up with the Kardashians«-Junkie gewesen und hätte Facebook-Gründer Mark Zuckerberg als den Leonardo da Vinci des 21. Jahrhunderts bezeichnet.

Andy Warhol starb im Februar 1987 im Alter von 58 Jahren einen erschreckend banalen Tod: Komplikationen nach einer Gallenblasenoperation. Die Trauerfeier wurde wie die von Robert

Kennedy in der St.-Patrick's-Kathedrale abgehalten. »Factory«-Diven wie Grace Jones, Bianca Jagger und Raquel Welch verwechselten den Einzug in die Kirche mit einem Catwalk und posierten für die Fotografen mit neckisch geschürzten Lippen und Miniröcken. Auch das hätte ihm gefallen. Genauso wie die Tatsache, dass anlässlich seines 85. Geburtstags eine Live-Webcam an seinem Grab in Pittsburgh, Pennsylvania, installiert wurde. Aus dem Livestream-Material soll irgendwann die monumentale Dokumentation »Conversations With Andy« entstehen.

Hashtagitis

Ist Ihr Leben, wenn schon nicht eines Streamings würdig, wenigstens instagramabel, zumindest in manchen Momenten? Also würdig, gelikt, gefollowt und sogar repostet zu werden? Haben Sie überhaupt die soziale Energie, sich diesem monströsen Wettbewerb im Kampf um das tollste, schillerndste Dasein mit dem höchsten Jet-Set-Faktor zu stellen?

Tatsächlich bin ich oftmals überwältigt von dem Hashtag-Bedeutungspathos, den Menschen – ja, leider es sind vor allem Frauen – unter die größten Banalitäten setzen. Einige von ihnen haben auch den Talentwettbewerb um die beste aller Hausfrauen ausgerufen, indem sie, besonders rund um bestimmte Feiertage, ständig ofenfrisches Sauerteig-Brot ins Licht rücken und mit ihren Festtagstafeln, die oft mit der pathologischen Sorgfalt nordkoreanischer Militärparaden gestaltet sind, in die Bilderschlacht ziehen: #foodporn, #familytime, #homemademeals... ja eh!

Wissen Sie, welcher Begriff mir dabei aktuell am meisten auf den Rettich geht? #selfcare, sperrig zu übersetzen mit Selbstfürsorge. Unter jedem Insta-Account, wo irgendeine Dulcinea in rebhuhnfarbenem Rauleder durch den Herbstwald tänzelt, mit wehender Mähne in einem weißen Kleidchen über ein Lavendelfeld galoppiert oder ihr Achtsamkeits-Yoga im mauvefarbenen Trainingsoutfit vor einem Teller mit Obstschnitzereien omt, purzelt er einem entgegen. Es ist ja auch so unfassbar idiotisch, dass die postende Menschheit für die größten Selbstverständlichkeiten und Offensichtlichkeiten jetzt solche Hashtags braucht. #autumnlove, #happyme, #nature, #provencelove, #colouredleaves, #summermood, alles natürlich in voll ausländischem English.

Damit auch jede Trullala aus der Mur-Mürz-Furche, mit der man vielleicht einst die Volksschule besucht hat, checkt, wie verdammt international man denn nicht verlinkt ist. Und im Zuge der diversen Lockdowns, während derer die Menschen sowieso unter sozialer Unterzuckerung leiden und sich selbst unbarmherzig ausgeliefert sind, eskalierte die Hashtagitis noch einmal ins Unermessliche.

Glauben diese Tanten, dass unser aller IQ knapp über Raumtemperatur liegt und wir nicht schnallen, dass das ein Herbstwald / eine Sommerwiese / ein Hotelzimmer mit Seeblick ist? Die nächste Generation lacht sich übrigens krumm über diese #-Begriffszierleisten. Der Fortpflanz sagt, sie seien in der Community der entsprechend unaufgeregten, coolen digitalen Eingeborenen ein echter Indikator für verzweifelte Gier nach Aufmerksamkeit seitens Spät-Digitalisierter.

Tatsächlich erwirken jene Instagram-Streber, die mehrmals täglich ein paar Aufmerksamkeits-Purzelbäume schlagen müssen, den für ihre Zwecke kontraproduktiven Effekt, nämlich Mitleid und Häme. Das ergab zumindest eine Studie der Hochschule für strategisches Management in Berlin, in der 2300 Posts von Onlinestars ausgewertet wurden. Fazit: Wer häufiger als einmal am Tag postet, nervt seine Gefolgschaft eher, als dass er sie auf Enthusiasmus-Temperatur hält.

»Bitte sei nicht so ein Instagram-Opfer«, rügte mich mein Kind, das den Insta-Eifer der älteren Generation mit verächtlichem Schmunzeln quittiert und eher erkaltet über dem Gartenzaun baumeln wollen würde, als mit einem Duckface-Mirrorselfie erwischt zu werden. Fünf Posts pro Woche scheinen, so die Berliner Forscher, die ideale, weil sozial verträgliche Dosierung zu sein.

Bisweilen ergreift einen die Sorge, dass Menschen durch das Nonstop an digitalen Auftritten das Gefühl für sich und vor allem für ihre Außenwirkung sukzessive entgleitet. Mit der schaurigen Faszination, die man ansonsten nur beim Anblick von Autounfällen kennt, pirscht man sich dann doch immer wieder in diese Katastrophen-Accounts. Und schämt sich natürlich auch ein wenig für diese Art von Lustgewinn.

Ein solcher digitaler Autounfall-Typ ist zum Beispiel jener österreichische Insta-Held, der zu Beginn einer neuen Beziehung (»breaking news«) seine überschaubare Schar von Followern ständig mit dem Leidenschafts-Bulletin seines »Herzipinki« oder wahlweise seiner »love of my life« versorgte. Der aus der Spur geratene Narzissmus des 60-plus-Mannes erreichte seinen Gipfel, als nach 20 Tagen die Verlobungszeit mit »Herzipinki« zu einem abrupten Ende kam. In einem Video auf Facebook und Instagram (»Hi, Darlings, I'm okay, thanks for the thousands of mails«) servierte er die mit Pathos angereicherte Trennungschronik, warum es nicht »meant to be« war, aber – Achtung! – er ein Gentleman sei, der schweige. Es sei alles #sad, #verysad, #gentleman usw.

Tatsächlich fällt diese Art von Instagramitis oder emotionalem Exhibitionismus in jene Kategorie, die veritable britische Gentlemen mit dem Kommentar »Way too much information!« abzukürzen pflegen. Im Kontext seines Selbstoptimierungsprogramms (wir durften auch täglich an den Jogging-Fortschritten des Herrn teilhaben) ließ der Mann seine »internationalen Fans« wissen: »I look like an idiot, because that's way I am.« Dem ist beim besten Willen nichts hinzuzufügen.

Aber zurück zum Selfcare-Hype. Um wen, Leute, jetzt einmal abgesehen vom Kind und meinen Eltern, soll ich mich denn bitte sonst sorgen? Und was ist die Definition von Selfcare? Regelmäßige medizinische Untersuchungen und Dentalhygiene oder eher so ein Zehnerblock bei einer Energiearbeiterin, die meine inneren Blockaden mit zypriotischen Zedernzweigen aufdröselt? Oder ist es gar so simpel (man kennt das ja aus billigen Psychothrillern): Eine Duftkerzen-Armada in der Notenkreuzung Sandelholz und Orange sowie ein Kelch Rosé am Badewannenrand und man selbst feiert in der Wanne eine Schaumparty mit sich selbst. In solchen Momenten kommt in diesen abgeschmackten Psychothrillern dann ein Serienkiller mit Oxford-Abschluss und einer emotional kalten Mutter, der mit gefährlich sanfter Stimme die schlimmsten Dinge in Aussicht stellt.

Die #selfcare-Inflation zeugt nur wieder davon, dass im Zuge der herrschenden Verunsicherung Menschen für die banalsten Dinge Trend-Etiketten brauchen, um sich auf irgendeine Art als aus der Menge herausragend zu fühlen. Der Hype beweist auch, dass der Mensch ein Herdenidiot ist. Denn unter dem Etikett vermeintlicher Individualität verbirgt sich sehr oft die Uniformierung des Geschmacks.

Und? Wie ist das bei Ihnen? Läuft Ihr Exhibitionismus-Motor noch so untertourig, dass Sie sich angesichts der Bilderhalden von Menschen auf Terrassen, an Schlachtplatten, auf Bergen oder in Hotelzimmern noch immer die von antiquiertem Hausverstand zeugende Frage »Wen soll das bitte interessieren?« stellen? Gratulation. Sie haben also noch alles unter Kontrolle.

Für eine Milliarde Menschen, so hoch ist inzwischen die User-Zahl der 2010 gegründeten Instagram-App, die schon zwei Jahre später von Facebook geschnupft wurde, ist diese Frage häufig längst obsolet geworden.

Madonnas rosa Socken

Während ich diese Zeilen schreibe, sehe ich auf meinem Instagram-Account Madonna auf dem Boden sitzen. Ihre Haare sind knallrosa gefärbt, für ihre Socken hat sie den gleichen Farbton gewählt. Sie streckt ihre Füße in die Höhe, auf die rosa Sohlen ist links »If you can read this« und rechts »bring me some wine« gestickt. Diese Art von Selbstpräsentation würde geschmacklich besser zu irgendeiner Ashley Smith aus Suburbia passen, die in Detroit ein auf Sternzeichenornamente spezialisiertes Nagelstudio betreibt, und nicht zu der erfolgreichsten Frau des Popbiz im 20. Jahrhundert.

Womit wir an einem paradoxen Punkt angekommen sind: In einer Zeit, in der sich die Ashley Smiths dieses Planeten mit dem entsprechenden 2.0-Knowhow zu einem zumindest temporärem Star-Dasein hochmalochen können, spielen die echten Stars immer mehr Missis Smith.

Madonna zeigte schon sehr häufig auf diesem Medium ihre – im Warhol'schen Sinn – Verwundungen. Am Beginn ihrer Emigration nach Lissabon schockierte sie ihre Fans mit einem Post, auf dem sie ihren nackten Oberkörper mit einer 3000 Dollar teuren Louis-Vuitton-Handtasche bedeckte, das Gesicht verquollen und gezeichnet von diversen Renovierungsmaßnahmen. Ein Manifest der Einsamkeit, denn das Foto wurde mit den Klagen #nofriends und #lisbonisfar versehen. Kommentare wie »Depressionen sind eine schlimme Krankheit« oder »OMG – was ist nur mit deinem Gesicht passiert?« führten dann doch zu einem schnellen Löschen des Postings. Wenig später ließ sie ihre Millionen Follower wissen: »Bitches, I'm still there.« Es war ihr fünfter Beitrag an diesem Tag. Die Adoptiv-Zwillinge aus Malawi, Stella und Estere, mussten wenige Augenblicke später, mit blonden Perücken, in einem Video ein Hip-Hop-Tänzchen vorführen. Sämtliche Adoptiv-Kinder der sechsfachen Mutter werden beständig auf der digitalen Bühne vorgeführt. Und irgendwo, so stellt man sich das zumindest vor, steht sicher eine Nanny im Eck, die der Truppe in harschem Ton zuruft: »Bitte recht glücklich und authentisch sein!« Die Panik und Angst, vergessen zu werden, macht auch vor einem Superstar wie Madonna nicht halt. Wie beruhigend und beklemmend zugleich.

Eigentlich müsste Anna Netrebko von solchen Gefühlen der Ängstlichkeit verschont sein. Ist sie doch gegenwärtig noch immer die unangefochtene Super-Sopranistin des Opern-Universums. Das hält sie nicht davon ab, die gesamte Menschheit durch ihr Wohnzimmer spazieren zu lassen. Wir erfahren, dass sie ihre »Traviata« in Paris wegen Erkältung absagen musste. Wie tröstlich, dass in ihrer Küche, daheim am Wiener Franziskanerplatz, in einem riesigen Tontopf ein aserbaidschanisches Genesungsgericht schmort. #theloveofmylife, vulgo Gatte Yusif Eyvazov, zauberte in einer T-Shirt-Extravaganza mit Bärenaufdruck nach einem Rezept aus seiner Heimat Lamm, Kohlgemüse und Reis zu einer Art Old-Eastern-Aspirin. 7695 Menschen der Hunderttausenden anna_netrebko_yusi_tiago-Follower drückten ein Herzchen. Eigentlich ein schwacher Schnitt angesichts der sonstigen Zuspruchsdimensionen. Das wenige Tage zuvor lancierte Filmchen, in dem die vergötterte Opern-Diva ihren Sohn Tiago im Fond ihres Wagens befragt, welches Mädchen in seiner Klasse er mag, erhielt 72.744 Aufrufe. Es ist übrigens Marianna, und sie ist blond. Der schüchterne Bub mit den sanften Augen sieht nicht gerade glücklich aus, als er dieses Geheimnis preiszugeben hat. Man weiß, dass er an Autismus erkrankt ist. Auch das hat die Netrebko öffentlich gemacht, wobei ein Star ihres Kalibers dadurch mit Sicherheit das kollektive Verständnis für diese Einschränkung ankurbelt und damit anderen Betroffenen hilft.

Auf die Frage an Anna Netrebko, warum sie ihre Familie mit solcher Verve in den sozialen Medien inszeniert, antwortete sie mir bei einem »profil«-Interview anlässlich der Präsentation eines selbst entworfenen und geschmacklich nicht gerade leicht verträglichen Porzellanservices: »Möglicherweise ist es manchmal zu viel für mein Kind. Aber was soll ich machen? Wir sind nun einmal öffentliche Personen. Und dennoch versuchen wir, ein quasi normales Leben zu führen, was ich für sehr wichtig halte. Wo immer wir hingehen, kommen Fotografen. Ich lade sie manchmal ein, uns zu begleiten, und plaudere mit ihnen. Ich habe nichts zu verbergen.«

Dass solche Superstars, wo immer sie erscheinen, einen Rattenschwanz an Paparazzi und seit einem Jahrzehnt auch Selfie-Narren nach sich ziehen, gilt als Naturgesetz. Eine ganze Industrie lebt seit der Geburt der Klatschzeitungen und ihrer digitalen Derivate davon, dass die Privat- und Intimsphären Prominenter durchbrochen und durchlüftet werden.

Neu ist, dass Künstler, die ihren Weltruhm bereits erlangt haben und sich der öffentlichen Aufmerksamkeit und Zuwendung ohnehin sicher sein können, sich auf »instant telegram« (so der Begriff in voller Länge) in einer Art freiwilligem und ungeschminktem Exhibitionismus offenlegen. Die Netrebko mit ihrem Sinn für grelle Theatralik erweist sich auch dabei als Ausnahmekünstlerin. Denn sie benimmt sich dort mit ihrem Hofstaat so überbordend wie ein Teenager, der eben einen Lotto-Sechser gewonnen hat, und signalisiert der Welt: »Hey, Leute, Reichtum kann ja so bunt und lustig sein!«

Aber mit welchen Beweggründen? Im Gegensatz zum posting-pathologischen Kardashian-Clan oder der 61 Millionen Follower starken Supermodel-Macht Gigi Hadid, die durch ihre konsequenten Bilderstürme auf den sozialen Medien überhaupt erst ins Radarsystem der öffentlichen Wahrnehmung gelangten, hätten die Netrebko, Madonna oder Jane Fonda diese Art von Privatissimum-Dauertuchfühlung mit ihren Fans gar nicht nötig.

Im Fall der 80-plus-jährigen Jane Fonda sind diese Auftritte durchaus auch mit dem Parfüm der Selbstironie getränkt, was unter Insta-Stars tatsächlich Seltenheitswert hat. Am Morgen nach einer blitzlichtumwitterten Gala präsentierte sie sich ohne jegliches Make-up und mit schreckgeweitetem Blick in ihrer Küche beim Schmieren des Frühstückstoasts in der schwarzen Spitzenrobe des Vorabends und den Worten: »Hier bin ich am nächsten Morgen. Ich konnte den Zipp meines Kleides nicht öffnen, deswegen habe ich darin geschlafen. Ich wollte nie einen Ehemann in meinem Leben – bis jetzt.«

Das wahrscheinliche Kalkül hinter dieser Botschaft: Die mehrfach verheiratet gewesene Hollywood-Diva will ihrer Fangemeinde mitteilen: »Hey, Leute, vergesst all den Glamour, das ist doch nichts als Fassade. In Wahrheit bin ich eine von euch.« Ungefilterte Authentizität scheint in der Dekade der millionenfachen Selbstinszenierung der Rohstoff zu sein, durch den sich Stars vom Mainstream abheben und Sympathiewerte generieren können.

Jetzt, wo Heerscharen von häufig von der Industrie gekauften »Influencern«, aufgepimpt durch Filter und Photoshop-Apps, einem ein perfektes Hochglanzleben vorturnen, tritt auch eine Übersättigung an dieser Art von Perfektion ein. Es gilt also, eine Demarkationslinie zu ziehen. Und sich das Vertrauen der Bevölkerung zu sichern, indem man sich so normal zeigt, wie die Masse nie sein wollte. Das Gewöhnliche wird zum Luxus, den sich aber nur eine bestimmte Schicht von Menschen leisten kann, wie zum Beispiel Madonna mit ihren rosa Socken.

Denn die »Gewöhnlichen«, also wir, müssen uns weiter um extravagante Inszenierungen bemühen, um in dieser Arena irgendwie aufzufallen. Wie tragikomisch das werden kann, zeigte mir ein Knabe aus der Truppe rund um meine Tochter, als er mit Blick auf sein Profil melancholisch konstatierte: »Ich wünschte wirklich, ich hätte in echt ein so tolles Leben wie auf Insta!«

Beunruhigend ist auch, dass die so erzeugte Illusion, mit diversen Stars in freundschaftlichem Dauerkontakt zu stehen, für uns Normalitos zu einem echten Suchtfaktor werden kann. Das Leben der anderen in der Dauerschleife zu konsumieren, ist leider verführerisch. Und auch so bequem.

Es birgt aber auch die Gefahr von Irritationen. Eine sehr liebe Kollegin sagte kürzlich zu mir: »Ich weiß, dass ich unglaublich langweilig bin. Es macht mir auch nicht wirklich was aus, ich bin gerne langweilig.« Nur in jenen Momenten, wo sie dann berufsbedingt die Ich-Arenen durchkämmen muss, überkommt sie dieses unangenehme Gefühl, das Gefühl, »dass du neben diesen Glamour-Bienen einfach nichts wert bist«.

Andere bleiben einfach in der Rolle der voyeuristischen Zaungäste und werden somit auch zu Instagram-Opfern, allerdings auf der Seite des Beobachters, also passiv. So tanzen sie mit Supermodel Coco Racha und deren putzigen Kindern durch die sonnendurchflutete Villa in Connecticut, erfreuen sich am weißen Frühlingsstrauß in der Pariser Wohnung von Inès de la Fressange, planschen mit Harry Styles in der Karibik und helfen Sarah Jessica Parker nach dem Besuch des Hausfriseurs, die Haarsträhnen vom Boden ihres Manhattaner Townhouse zu kehren.

Im Zuge der weltweiten Kollaps-Situation, die eine Attacke auf viele Selbstverständlichkeiten war, kristallisierte sich der Typus Dolce-Covida-Celebrity heraus, der sich durch eine gewisse Empathie-Befreitheit und/oder auch geistige Eingeschränktheit bemerkbar macht. Während die Welt mit den härtesten Arbeitslosenzahlen seit der großen Depression in den 1920er- und 1930er-Jahren konfrontiert ist, artikulierte beispielsweise Jennifer Lopez in guter, alter Marie-Antoinette-Tradition während des ersten US-Lockdowns ihre Freude, dass der Essens-Zustellservice noch funktioniert und man in der 800-Quadratmeter-Villa in Miami trotz der vier Kinder am Rande des Homeschooling-Zusammenbruchs doch noch keinen Lagerkoller entwickelt habe.

Wie beruhigend auch, dass Cindy Crawford sich durch die Pandemie-bedingte Entschleunigung wieder an den einfachen Dingen des Lebens delektieren konnte – wie dem Blick auf die Pazifikbrandung aus dem Schlafzimmer ihres Malibu-Anwesens.

Irina Shayk erklärte im Zuge einer »Vogue«-Modestrecke in Chanel das, was Dolce-Covida-Celebrities mantraartig zuhauf in die Follower-Menge warfen: »Der Lockdown hat mir gezeigt, wie wichtig es ist, ab und zu einmal eine Pause einzulegen, innezuhalten und genau zu überlegen, was wirklich essenziell für mich ist.« In einem weitläufigen Loft im New Yorker West Village und engem Tweed von Chanel machen solche Gedanken vielleicht sogar richtig Spaß.

Man kann davon ausgehen, dass die drohende tiefe Gesellschaftskluft eine neue Eat-the-rich-Rebellion und einen Klassenkampf 2.0 nach sich ziehen wird.

Austro-Celebrities, die auf Instagram ihrer Erleichterung Ausdruck verliehen, sich endlich ohne den üblichen Termindruck auf ihre Zweit-, Dritt- oder Viertwohnsitze zurückziehen zu können, erwiesen sich als genauso unsensibel, waren aber wenigstens nicht ganz so reich.

Die famose Mrs. Apfel

Vor einiger Zeit machte ich ein Telefoninterview mit Iris Apfel, der Mode-Ikone, heute 99, die erst vor ein paar Jahren zu einer Art, wie sie es nennt, »geriatrischem Starlet« eskalierte. Das Telefonat war nicht ganz einfach, denn sie ist schon ein wenig schwerhörig. Wir einigten uns darauf, diese Tatsache elegant zu umschiffen, indem sie mehrfach brüllte: »Wo um Gottes Willen wohnen Sie denn? Die Telefonverbindung ist ja ein Drama bei euch in Wien.« Meine höflichkeitsbedingt stets idente Antwort: »Da haben Sie leider recht, ich habe immer wieder Probleme mit der Verbindung.«

Frau Apfel hat inzwischen eine Menge Bücher publiziert, die Dokumentation »Iris« über die ehemalige Stoffhändlerin, die sehr lange mit ihrem Mann Amerikas First Ladies zwecks Umgestaltung des Weißes-Haus-Interieurs belieferte, ist wärmstens zu empfehlen. Von allen First Ladies hatte Pat Nixon, die Gattin des tragischen Richard, den eindeutig besten Geschmack, erzählt sie.

Madame Apfel, deren Markenzeichen Gewänder und Schmuck von wilder Buntheit und ihre schwarz umrandeten Brillen sind, verdient als Werbeträgerin für diverse Firmen Millionen. Sie selbst verzichtet jedoch auf eine Instaisierung ihres Lebens. Zwar gibt es einen Account mit dem Namen Iris Apfel (und zahlreiche Fake-Derivate), der aber hauptsächlich als Verkaufsfläche für die Produkte der formidablen Mrs. Apfel dient. Ihrer Ansicht nach ist das notorische Bedürfnis nach Spiegelung durch die Außenwelt nichts als ein Zeichen für »eine unglaubliche Verunsicherung«, genauso wie Schönheitsoperationen. Nichts, so schnarrt die famose Iris Apfel in New York in den Hörer, lasse eine Frau älter wirken als der verzweifelte Versuch, jung aussehen zu wollen: »Wenn man älter ist, ist es doch wirklich dumm, jünger aussehen zu wollen. Das glaubt einem sowieso keiner. Außerdem verraten einen immer die Hände – diese knorrigen kleinen Fingerchen lügen nicht.«

Sie habe eben das Glück gehabt, nie eine Schönheit gewesen zu sein: »Deswegen habe ich sehr früh einen Stil entwickelt und daran gearbeitet, ein Original zu sein.« Mode könne man kaufen, Stil eben nicht. Schönheit sei vergänglich, Originalität aber dauerhaft. Ich muss jedes Mal an Königin Iris denken, wenn ich die mit zig Anti-Falten-Apps überarbeiteten Ego-Ballette diverser Insta-notorischer Damen sehe. Oder deren Postings von Jugendfotos, die häufig von dem Text: »Zufällig habe ich heute beim Aufräumen dieses Foto gefunden…« begleitet werden.

Machen sie die Kommentare der anderen, wie »Awesome!« oder »Du hast dich überhaupt nicht verändert«, wirklich glücklich? Und: Glauben sie tatsächlich daran?

»Mir tun all diese Frauen sehr leid«, kläfft Mrs. Apfel in ihr Telefon, »wie schade für sie! Sie haben noch immer nicht herausgefunden, wer sie sind. Sonst müssten sie sich nicht solchen Prozeduren unterziehen.« Es gebe doch nur eine Aufgabe in diesem Leben: »Daran zu arbeiten, dass es keine gewöhnlichen Tage gibt. Im Leben der Iris Apfel gab und gibt es keinen einzigen gewöhnlichen Tag.«

Und das Erstaunliche daran ist, dass sie trotz ihrer späten und globalen Berühmtheit und eines so schillernden Lebens selbst keinerlei Konten auf den sozialen Medien bespielt. Sie hat auch keinen hektischen Hofstaat, der an ihrer Stelle mit glühenden Fingerkuppen ghostpostet, sondern nur eine mürrische Haushälterin namens Inez, die die vielen Telefonanrufe mehr abwimmelt als annimmt. In jedem Fall ist Madame Apfel ein wunderbares Beispiel dafür, dass man es mit analoger Authentizität zu Weltruhm bringen kann.

Höchste Zeit für eine IRL-Kur. IRL steht für »In Real Life« und gilt für manche User mittlerweile als echtes Kuriosum. In einem Online-Slang-Wörterbuch ist dazu folgende Erklärung zu lesen: »Das ist jene Art von Leben, das man nicht posten kann.«

Verapp' wen anderen!

»Unmündigkeit ist das Unvermögen,
sich seines Verstandes ohne Leitung
eines anderen zu bedienen.«

IMMANUEL KANT, 1784

Sie betreten einen dieser dauerbeschallten, weitläufigen Gemischtwarenläden, die neben Büchern auch Papierwaren, Nippes und Plüschtiere führen. Sie stellen fest, dass die Bücher in solchen Etablissements immer weniger werden. Die größten Buchinseln in dem Areal gelten nicht literarischen Leuchtfeuern, sondern dem Themenschwerpunkt Lebenshilfe. Sie finden dort Titel wie »Simplify Your Life – Küche, Keller, Kleiderschrank entspannt im Griff«, »24/7: Das Zeitmanagement-Buch für alle, die keine Zeit haben, ein Zeitmanagement-Buch zu lesen«, Dutzende Folgebände von »Magic Cleaning«, dem Millionenseller der Japanerin Marie Kondo, die mit ihren Entrümpelungstipps eine neue Religion begründete.

Sie kennen wahrscheinlich auch die Netflix-Dokumentation dieser militanten »Ordnungsberaterin«, so die offizielle Berufsbezeichnung, in der die Mitdreißigerin in Wohnungen von Bewohnern sehnlich erwartet und dann glückskreischend begrüßt wird. In der Folge werden dann mit Hysterie-beschwingter Dynamik die Kellerabteile, Kleiderschränke und Küchenregale im Duett durchforstet und Kondo erklärt ihrer Sektengemeinde, wie man ein T-Shirt so faltet, dass es wie ein Kranich nach der Origami-Methode aussieht und durch diese Technik jede Menge Platz in den Schubladen gespart wird.

Die Ordnungsmanie beherrschte Kondo schon als Kind: Kaum kam sie von der Schule nach Hause, ging sie ins Bad und sortierte den Inhalt des Spiegelschranks neu. In Japan macht diese Art von Verhaltensoriginalität Müttern offensichtlich keine Sorgen.

Mein Kind ist auch ein Struktur-Junkie. Irgendwann, sie war so 22 und wohnte aus finanziellen Gründen noch bei mir, schrie sie: »Es gehören mehr Listen in unser Leben. Listen sind mein Porno!« Doch in unserem Fall ist es natürlich ganz leicht zu erklären: Das war die Fortpflanz-Form der Rebellion gegen die chaotische Mutter. Ich fragte sie damals entsprechend entsetzt: »Oh Gott! Warst du heimlich in einem Führungskräfteseminar?« »Nein, Führungskräfte haben Menschen, die für sie Listen führen.« »Was für eine Art von Liste meinst du genau? Mehr so: Punkt 1: Schöne Tage sammeln, Punkt 2: Zwei Löffel Gelassenheit vor jeder Schlacht schlucken, Punkt 3: Kränkungsresistenz-Aufbau oder eher: 1. Fünf Sonnengrüße vor dem ersten Granatapfel-Smoothie, 2. Gummibärchen-Embargo, 3. Mülltrennung ernst nehmen.« »Zweiteres, Muttchen. Auch für dich ist jetzt einmal der Zeitpunkt gekommen, wo du deiner Infantilität ein lautes Servus sagen solltest.«

Man hat also Leben unter Schmerzen in die Welt geschossen und dann entwickelt sich dieses Leben zu einer ideologischen Buchhalterin. Ich absolvierte eine ausführliche Google-Promenade, um alles über das Seelenkostüm solcher Listen-Pornografen herauszufinden. Und siehe da: Listen haben, ist sich die Psycho-Meute ziemlich einig, höchst ungesunde Nebenwirkungen. Sie sind, schon bedingt durch ihr Naturell, permanente Mahnmale der eigenen Unzulänglichkeiten und des Unerledigten, erzeugen bei ihren Verfassern dadurch entsprechenden Stress und lähmen durch ihre Kleinlichkeit zusätzlich die Produktivität für die großen, schönen Dinge des Lebens. Ich verfasste dem Kind also in Schönschreibschrift eine entsprechende Liste dieser deprimierenden Erkenntnisse, setzte aber dabei den Punkt »Die mühsame Listenphobikerin, die sich meine Mutter nennt, wie närrisch lieben« an oberste Stelle. Sie fand es mäßig amüsant.

Tatsächlich bergen Lebenshilfe-Apps, genauso wie lebende Apps à la Kondo oder Echtzeit-Coaches, einen großen Nachteil: Sie machen einen häufig auf Defizite, Fehler und Versäumnisse aufmerksam, was auch wieder eine Art von Stress erzeugt. Kondos Popularität geht inzwischen so weit, dass Scheidungsgelüste in den USA inzwischen mit dem Satz »I wanna kondo my wife/husband« artikuliert werden. In Trainingscamps werden zukünftige Ordnungsberaterinnen in Sortierungsmaßnahmen und Strukturmethoden unterrichtet und können dann als diplomierte Kondoisten selbst loslegen.

Für die an sich intellektuell nur mäßig fordernde Tätigkeit des Ausmistens gibt es im Kondo-Universum ein Dreiphasen-Programm, das unter anderem Gespräche mit den aussonderungswürdigen Gegenständen inkludiert. Sie stellen also Ihren Capri-Hosen und Ihrer betagten Entsaftungsmaschine beherzt Fragen wie: »Brauche ich dich wirklich?«, »Bringst du Funken von Freude in mein Leben?«, »Ist mein Leben nicht viel freier, wenn ich dich in den Müll werfe?«

Sollten die Gegenstände sich der Antwort enthalten und eisern schweigen, müssen Sie die Entscheidung selbst treffen. Und da beginnt auch schon das Problem.

In der »arte«-Krimiserie »Kidnapping« sah ich kürzlich die von mir verehrte Charlotte Rampling, die eine reichlich verhärmte französische Kommissarin darzustellen hatte. Nach dem

Showdown sagte sie zu ihrem Kollegen, der wegen eines illegalen Alleingangs vom Dienst suspendiert worden war: »Wir sind die Entscheidungen, die wir treffen.« Das ist ein starker Satz, der in vielen Situationen passt. Die Burgtheater-Legende Oskar Werner umschrieb dies in seinem berühmten letzten Interview mit dem Satz: »Unser Charakter ist unser Schicksal.«

Freiwillige Selbstentmündigung

Bei Entscheidungen spielen Intuition und Risikokompetenz eine maßgebliche Rolle. Nur: Zertrümmern wir diese Fähigkeiten nicht fahrlässigerweise, wenn wir uns dieser Art freiwilliger Selbstentmündigung ausliefern? Durch das reiche Angebot an Unterstützung, das riesige Sortiment an Lebenshilfeflüsterern, analog wie digital, sind wir doch alle – jetzt einmal ehrlich – verunsichert. Denn natürlich haben Sie, genau wie ich, jede Menge Apps auf Ihrem Smartphone: Meditation, Poweryoga, Schrittmesser; das Schnelllesprogramm Blinkist, das Ihnen Kurzfassungen aller möglichen klugen Bücher anbietet; eine App für Intervallfasten, eine zur Stressbewältigung, zum superpräzisen Eierkochen, mit Meditationsmusik und – jüngster Zugang in Ihrem Arsenal von Psychokrücken – die Sleep-App, die Sie abends unter Ihr Kopfkissen schieben, in der Hoffnung, dass Sie morgens mit einem passablen Sleep-Score aufwachen, der sich durch die exakte Vermessung Ihrer Schlafphasen, Ihrer Einschlafdauer und Aufwachhäufigkeit ergibt. Nur so, hat Ihnen die emotionsfreie Roboterstimme dieser App erklärt, »erlangen Sie eine verlässliche Schlafkompetenz«.

Am besten absolvieren Sie Ihr Schlafprogramm in »performance sleepwear«, Schlafanzügen mit optimalem Wärme- und Feuchtigkeitsmanagement in Verbindung mit einer »idealen

Druckverteilung«. Optimalerweise auf einer futuristischen Technogel-Matratze, die »die Leichtschlafphase um bis zu 33 Prozent reduziert und den Tiefschlaf dagegen um 45 Prozent verlängert«. Unter diesen Voraussetzungen kann auch der Schlaf zu einer richtigen Stresssituation ausarten.

Natürlich haben Sie auch einen Bad-Habit-Tracker als App, der Ihnen täglich nahezu genüsslich – so empfinden Sie es jedenfalls vielleicht – Ihr Versagen, Ihr Scheitern auf dem steinigen Weg der Selbstoptimierung vor Augen führt. Zu wenige Schritte, zu viel Zucker, zu schwacher Puls, zu hoher Blutdruck, zu viel Schweinehund, zu viel Schwäche, zu viele grüne Pullis im Kleiderschrank, zu wenig oft eine Amphore Quellwasser zwischendurch getrunken.

Warum schauen Sie denn eigentlich nicht auf Ihre Wasser-App, auf der Sie mit einer leichten Wischbewegung den Trinkwasserkonsum Ihres Tages kontrollieren könnten? Sollten sich depressive Verstimmungen in Ihre Psyche geschlichen haben: Laden Sie sich doch die App »SoulDoc« mit ihrem »Moodtracker« herunter und profitieren Sie von den angebotenen Stimmungsregistrierungs-Protokollen, damit Sie Ihre seelische Fieberkurve jederzeit abrufbereit haben. Ist es nicht reizend, wenn sich eine Konservenstimme morgens, gleich nach dem Aufwachen, nach Ihrem Befinden erkundigt: »Na, wie geht's uns denn heute so?« Wobei man diesen App-Gestaltern dringlich von diesem Plural bei Apps mit Pflege-Mission abraten sollte.

Eine Freundin, die nach einer schwierigen OP mit einer Pflegerin leben musste, warf regelmäßig mit ihren Krücken nach der armen Frau, wenn die eine Ansage tat wie »Nun, haben wir schon brav alles aufgegessen?« oder »So, jetzt werden wir einmal schön duschen gehen«.

Möglicherweise tritt trotz oder gerade wegen all Ihrer Helferleins schleichend ein paradoxer Zustand in Ihrem Leben ein: dass Sie sich nämlich durch diese selbst auferlegten Kontrollinstanzen erst so richtig schuldbewusst fühlen – wegen wachsender Unzulänglichkeit, als totaler Versager und an Ihren eigenen Anforderungen gescheitert. Möglicherweise wären Sie ohne all die Schritt- und Stimmungsmesser, Entrümpelungs- und Putzprogramme, ohne all die Wegweiser zur Selbstoptimierung ein weitaus zufriedenerer Mensch.

Sie wüssten nämlich wahrscheinlich gar nicht, dass Sie Ihren optimalen Sleep-Score schon drei Tage nicht erreicht haben, sondern würden sich nur ein bisschen müde fühlen. Sie bräuchten kein Dreiphasen-Programm für die Entrümpelung Ihres Kleiderschranks, sondern würden einfach die Klamotten, die Ihnen unwiderruflich zu klein sind, nicht alterskompatibel erscheinen oder Ihnen ganz einfach nicht mehr gefallen, in Säcke packen, zur Caritas bringen oder in einen Humana-Container zwängen. Sie machen sich also Probleme, die für Sie in einem Leben ohne diese Armada an Ratgebern gar nicht existieren würden.

Selbstoptimierung als Ersatzreligion

»Wir beobachten, dass Menschen in seelische Schieflagen geraten«, so der deutsche Psychiater Georg Juckel im Nachrichtenmagazin »Der Spiegel« über den Selbstoptimierungs-Wahn, »weil sie dem gängigen Ideal von Leistung, Schönheit und Klugheit nicht zu genügen meinen.«

Die Sucht nach Perfektionismus könne bei psychisch »vorbelasteten« Menschen durchaus auch heftigere Konsequenzen nach sich ziehen: Juckel nennt »Angstzustände, depressive

Phasen, Sucht oder aggressives Verhalten«, die ausgelöst, aber auch verschlimmert werden können.

Ich denke da an eine gewichtsbesessene und gesundheitsfanatische Freundin, die der totalen Verappung noch einen draufsetzt. Wenn sie zwei Tofu-Eckchen oder auch nur ein hundsordinäres Magerjoghurt isst, scannt sie vorher den Barcode auf der Verpackung mit einer App, um keinerlei Ungewissheit, was die Grammzahl von Fett, Eiweiß und Kohlenhydraten betrifft, aufkommen zu lassen. Das Ziel ist die optimale Körperfettverteilung, das Gefühl ein einziger ungesunder Wettbewerb gegen sich selbst.

Ich hatte sie einmal zum Abendessen eingeladen, es gab Huhn, Bio-Huhn natürlich, was ich nicht müde wurde zu betonen, und sie wollte dann tatsächlich von mir wissen, welcher Provenienz das kredenzte Tier war. Und fand es überhaupt nicht witzig, als ich anmerkte: »Chill' dein Leben: Das Huhn hatte einen Vornamen, Freunde und durfte nach dem Brüten auch eine kleine, aber regelmäßige Siesta einlegen.«

Wir haben uns seither nicht mehr gesehen.

Für die zwanghafte Besessenheit mit gesundem Essen gibt es sogar schon den Begriff Orthorexie. Der britische Soziologe Frank Furedi sieht im grassierenden Gesundheitswahn »die Ersatzreligion einer Gesellschaft, die durch ihre Obsession mit dem Nicht-Kranksein den Mangel an sonstigen Werten und Inhalten zu kaschieren sucht«.

Man lebt nicht, aber dafür ist man ist gesund, lautet die Formel. Diese Formel wirft natürlich die philosophische Frage auf, ob Gesundheit überhaupt als ultimativer Wert gelten darf, wenn das Glück, dem diese Gesundheit ja dienen soll, dabei auf der Strecke bleibt. Depressionen und depressive Verstimmungen, so die

WHO schon vor der C-Krise, haben zu Pandemie-artigen Auswüchsen geführt. Und das Geschäft mit der Traurigkeit blüht.

Früher hatten wir Reizwäsche, High Heels und Debbie Harry, heute sind wir mit Reizdarm, Birkenstocks und Helene Fischer geschlagen, mit »Atemlos durch die Nacht« und Gesundheitsfanatismus. Man wird richtiggehend glücksüberflutet, wenn man auf dem Büchertisch einer Bahnhofsbuchhandlung ein Bändchen mit dem verheißungsvollen Titel »Das kleine Buch der Selbstverwüstung – warum wir mehr trinken/stinken/bluten, brennen und tanzen sollten« liegen sieht, und möchte die Autorin, Marian Donner, am liebsten geistig umarmen.

Der deutsche Zeitforscher und Wirtschaftspädagoge Karlheinz Geißler gab mir in einem Interview einen Rat für Stressabbau: »Mehr Let-it-be-Listen anstelle von To-do-Listen gestalten. Die ›vita activa‹ ist heute zu einer sechsspurigen Autobahn ausgebaut, während die ›vita contemplativa‹, das beschauliche Leben, zu einem Grünstreifen zwischen den Schnellstrecken verkommen ist.«

Schluss mit der Bevormundung

Wie kommen wir aber von der Autobahn der Selbstoptimierung wieder mehr auf den Grünstreifen der Entspannung? Mit einer simplen, aber extrem kostbaren Gabe: der Intuition, die auch das Vertrauen in die eigene Handlungskompetenz beinhaltet. Der Grundstein dafür wird in der Kindheit gelegt, wenn Papa und Mama das mit dem Urvertrauen und der gefestigten Bindung halbwegs gut hingekriegt und nicht die Nummer der förderungswütigen Helikopter-Eltern abgezogen haben, die ihre Kinder mit Rennpferden verwechseln. Aber keine Angst: Intuition ist ein offenes System und nicht von Kindheit an in Stein gemeißelt, sie kann sich also im Laufe von Erfahrungen in ungeahnte Höhen hochjazzen.

Ihre Intuition geht aber auch im Zuge des freiwilligen und manchmal auch sehr kostspieligen Delegierens von Entscheidungen schrittweise flöten. Kostspielig deswegen, weil Sie sich ja vielleicht zusätzlich zu dem App-Wald auf Ihrem Smartphone auch einen Online-Coach leisten, der mit Ihnen Beziehungs- und Bürokonflikte in einfachen Rollenspielen nachzustellen versucht.

Solche Probleme hatten Sie früher, in den Old-School-Jahren, an diversen Bartheken und Kaffeehaustischen in Alkoholbegleitung mit Ihren Freunden bemurmelt und dabei Erfahrungen sowie Trost und Ratlosigkeit ausgetauscht.

Ende der 1990er-Jahre begann dann die Blüte des »Nanny-Staates« und damit die intensivierte Fremdbestimmung des Individuums durch die Autorität einer Regierung. Der Staat gebärdete sich zunehmend als oberste Kontrollinstanz für das Wohlbefinden seiner Bürger und wurde zum Zuchtmeister in Sachen Alkohol-, Nikotin- oder Fleischkonsum. Null Selbstzerstörungs-Autonomie. Und über dem Staat thronten die Brüsseler EU-Spitzen, zu deren Lieblingssportarten ohnehin Überregulierungsmaßnahmen in allen Lebensbereichen gehören. Wir erinnern uns an die Angriffe auf lieb gewonnene alltagskulturelle Errungenschaften wie Marillenmarmelade und Glühbirnen, den Feinstaubalarm, die neuen Regeln für die Zubereitung von Apfelwein und die damit verbundenen Wellen der Wut. Mit der Fülle all dieser Sanktionen wuchs auch die allgemeine Verunsicherung.

»Erfahrungen sind die wichtigsten Dinge, auf die Menschen zurückgreifen können, wenn sie verunsichert sind«, erzählte mir der bekannte deutsche Psychologe und Intuitionsforscher Gerd Gigerenzer. Erfahrungen entstehen aus sozialen Interaktionen, die besonders bei den »digital natives« durch die viele indirekte Kommunikation regelrecht verkümmern: »Diese Generation hat verlernt, ihrem Gegenüber in die Augen zu schauen und dessen Gefühle zu deuten. Die natives können keine Emotionen mehr lesen, sondern nur mehr Emojis. Ich beobachte bei dieser Generation auch eine regelrechte Angst, mit Menschen ohne digitale Vermittlung in direkte Kommunikation zu treten. Sie sind außerdem zunehmend weniger in der Lage, sich sprachlich nuanciert auszudrücken.«

Erfahrungen sind also theoretisch das Fundament Ihrer Intuition. Intuition ist auch laut Carl Gustav Jung eine wichtige psychologische Grundvoraussetzung, um Vertrauen in andere und sich selbst aufzubauen. Aber je mehr der Zustand der Verunsicherung und des Misstrauens Ihre Bauchgefühle dominiert, desto rat- und hilfloser werden Sie natürlich.

Wie groß Ihr eigener Vertrauensvorschuss in Ihre Fähigkeiten ist, hängt auch davon ab, wie ängstlich Sie sind. Je mehr Ängstlichkeit sich in Ihrer Psyche eingenistet hat, desto leichter begeben Sie sich natürlich in Abhängigkeiten. Zum Beispiel in jene von Lebenshilfe-Einflüsterern. Ohne dieses Gefühl schleichender Beklemmung hätten Sie all diese Identitätsvermessungs-Apps und spirituellen Orientierungs-Websites nämlich vielleicht gar nicht nötig.

Aber dieser Zustand der selbst gewählten Ohnmacht ist inzwischen das neue Normal, wie die britische Schriftstellerin Zadie Smith Jahre vor der Pandemie-Periode in ihrem Essayband »Freiheiten« schreibt. In einem Interview mit der »Frankfurter Allgemeinen Sonntagszeitung« im Mai 2019 erklärte sie:

»Wichtig ist, dass man wieder ein stärkeres Gespür für Freiheiten entwickelt (...) Die nächste Revolution, die wir brauchen, um alle anderen anzustoßen, ist die, sich vom Internet zu befreien.«

»Word!«, wie es im digitalen Jargon so schön heißt.

Facebook, heute »der Friedhof der sozialen Medien«, so der Fortpflanz, ist inzwischen unser geringstes Problem. Viel problematischer ist das, was es insgesamt im Laufe der letzten 15 Jahre mit uns angerichtet hat. Geschmackliche Herdenimmunität. Celebrity-Hörigkeit. Begehbare Seelen. Der Selbstoptimierungs-Irrsinn. All das dann natürlich später auch beflügelt von Apps und Instagram.

Ihre Unsicherheit versuchen Sie gegenwärtig vielleicht mit einer App à la »Leben kann auch einfach sein – so stärken Sie Ihr Selbstwertgefühl« zu kompensieren. Vor dem Selfcare-Hype war ja die Selbstliebe zum kategorischen Imperativ einer Gesellschaft geworden, deren Krankheitsbild durchaus narzisstisch geprägt ist.

Bei Interviews in seiner New Yorker Schreibklause zeigt Jonathan Franzen Journalisten gern jene Stelle an seinem Laptop, wo er vor Jahren den Internetanschluss heraussägte: Nur ohne diese Zeitfressmaschine habe er seine Bücher schreiben können. »Das Netz ist so ziemlich das größte Instrument zur Förderung von Narzissmus«, so der US-Schriftsteller, »das je gebaut wurde.«

Ja, gleich nach dem Spiegel, könnte man hinzufügen.

Doch Selbstliebe hat nichts mit Narzissmus zu tun, denn ein gesundes Ich findet überhöhte Selbstwahrnehmung und übersteigerte Egomanie unter seiner Würde. Beide Faktoren sind die Eckpfeiler einer narzisstischen Persönlichkeitsstörung. Selbstliebe nährt sich von Vertrauen, auch in die eigene Entscheidungsfähigkeit.

Die kopernikanische Wende in der bürgerlichen Gesellschaft setzte mit dem Zeitalter der Aufklärung im 18. Jahrhundert ein. In der Überzeugung von der eigenen Gestaltungskraft begann die größte Freiheitsbewegung der Kulturgeschichte.

Der Popstar dieser neuen geistigen Fortschrittlichkeit und des Glaubens an die individuelle Selbstbestimmung war Immanuel Kant, der auf die Frage »Was ist Aufklärung?« in der »Berlinischen Monatsschrift« in einem legendären Aufsatz im Jahr 1784 folgende Antwort formulierte: »Aufklärung ist der Ausgang des Menschen aus seiner selbstverschuldeten Unmündigkeit. Unmündigkeit ist das Unvermögen, sich seines Verstandes ohne Leitung eines anderen zu bedienen.« Kant hat unsere Neigung, Verantwortung für uns selbst zu delegieren, also bereits vor 237 Jahren prophetisch enttarnt.

»Sapere aude! – Wage es, dich deines Verstandes zu bedienen«, lautete die Parole von Immanuel Kant, den wir heute mehr denn je brauchen und rauf und runter lesen sollten. Vielleicht ist ihm gerade deswegen gar keine eigene App gewidmet. Auf iTunes existiert nur eine Band gleichen Namens, deren Debütalbum den Titel, was für ein poetischer Zufall aber auch, »Freakish Mind« trägt.

Wie entfreaken wir also in Zukunft unseren Geist und befreien uns aus dieser totalen Verappung und den damit verbundenen Abhängigkeiten?

Ganz simpel und ohne jeglichen Coach-Bedarf: Kondoisieren wir erstmal unsere »gefährliche Unmündigkeit« und »jene Vormünder, die die Oberaufsicht gütigst auf sich genommen haben« (Immanuel Kant) in Form all dieser Psychokrücken. Lernen wir wieder mit unserer Intuition auf Kuschelkurs zu gehen. Vertrauen in uns selbst zu festigen. Das Kapital unserer Erfahrungen zu benutzen.

Das wäre dann psychisches »Magic Cleaning« mit der viel zu lange außer Acht gelassenen Kann-ich-alles-eigentlich-ganz-gut-selber-Methode.

Gespräche mit dem Schweinehund

Verzichten Sie auf diese App-Dressurakte Ihres Ichs. Probieren Sie einen täglichen Dialog mit Ihrem inneren Schweinehund. Tagtäglich kläffe ich meinem zu: »Komm', Kleiner, gehen wir in den Ring.«
Und dort beginnen dann auch schon wieder die Verhandlungen:
»Du wolltest heute in die Spinning-Klasse!«
»Heute ist aber schon wieder alles verdammt eng.
 Vielleicht doch besser morgen.«
»Erinnerst du dich, was du dir gestern geschworen hast?«
»Halt' die Klappe, ich bin müde.«
»Wovon bitte?«
»Vom Leben, du Idiot!«
»Wie wäre es dann wenigstens mit der Steuererklärung?«
»Da ist doch wirklich noch Zeit genug.«
»Wieso klingt ›Zeit genug‹ bei dir immer nach einer
 gefährlichen Drohung?«
»Du weißt doch, dass ich ein Deadline-Junkie bin.«
»Das klingt nach einem sehr ungesunden Krankheitsbild.«
»Krankheiten sind immer ungesund, du Volldillo. Und diese
 Krankheit ist genau betrachtet mein Geschäftsmodell.«
»Bleibt noch die Frage offen, wie lange das dein Körper aushält?«
»Was aushält?«
»Dass das Adrenalin in deinem System Dauermieter ist. Du bist
 nämlich nicht mehr die Jüngste, Herzchen…«
»Pech für dich, Köter, wir sind nämlich beide gleich alt.«

So in etwa geht es täglich dahin. Aber in Wahrheit lieben wir einander, mein innerer Schweinehund und ich. Er kennt mich in- und auswendig und akzeptiert mich eben nicht so, wie ich bin.

»Stillstand ist Schwäche«, bellt er immer wieder, »also heb' gefälligst deinen fetten Arsch!«

Der Gewinner bei diesen Ring-Diskursen zwischen dem Motivations-Zerberus und mir ist nie vorhersehbar. Und das ist gut so. Ansonsten würde die Angelegenheit ziemlich schnell Spannungs-Abnützungserscheinungen aufweisen und das ist der sichere Tod jeder Form von Kreativität.

Mein Schweinehund und ich haben beide in den letzten Jahren eines kapiert: dass Disziplin, eiserner Wille und militante Konsequenz in die preußische Betriebsanleitung für den pflichttreuen Soldaten passen mögen, aber ansonsten für die Fische sind, wenn folgende Zutaten im Motivationscocktail fehlen: Begeisterung. Leidenschaft. Lust. Alles von gleicher Wichtigkeit.

Ohne diese emotionale Dreifaltigkeit kommt mein Durchhaltevermögen nicht aus dem Bett. Und wenn ich sehr großes Glück habe, setzt dann bei manchen Herzensprojekten irgendwann dieses herrliche Gefühl des Abhebens ein. Dann schrumpft die Welt rundherum in die Bedeutungslosigkeit, irdische Faktoren wie Erschöpfung, Hunger, Konzentrationsschwäche, quengelnde Lebensabschnittspartner, Nahrung einfordernde Fortpflänze oder das langsame Aufkommen der Morgendämmerung werden völlig vernachlässigbar.

Vor vielen Jahren arbeitete ich mit einem jungen Produzenten namens Jan Bennemann an den Drehbüchern zu der ORF-Serie, die meine Kolumnenfigur Polly Adler zur Titelheldin hatte. Wir standen unter mörderischem Zeitdruck, da es sehr lange gedauert hatte, bis die Finanzierung endlich durch war, und der

Dreh extrem knapp angesetzt war. Täglich arbeiteten wir an die 16 Stunden an den Seriengeschichten, eng zusammengequetscht auf meinem kleinen Balkon, ab 20 Uhr durfte auch Alkohol getrunken werden. Trotz dieses entsetzlichen Drucks und der Panik vor dem Absturz der Produktion schrieben und scherzten wir uns in einen Zustand der Euphorie, der mir bis heute wie ein Wunder erscheint. Eigentlich hätten wir nach diesen Schreibmarathons wie nasse Säcke in den Seilen hängen müssen. Unsere nahezu tranceartige Stimmung wurde durch die Schreie der Hochschaubahn- und Ringelspielfahrer, die sich im nahe gelegenen Prater in schwindelnde Höhen katapultieren ließen, zusätzlich beflügelt.

Im Gegensatz zu den Prater-Kamikaze mussten wir für unsere Abenteuer nicht bezahlen, wir machten sie uns selbst. Die Serie sollte übrigens leider kein Straßenfeger werden. Egal. Im Nachhinein betrachtet ist jede Form von Scheitern erträglich, wenn man sich selbst nach der Bauchlandung zuflüstern kann: »OK, es ist diesmal leider nicht so tosend gelaufen, meine Teuerste. Aber du hast dich davor nicht geschont und alles aus dir rausgeholt.«

In solchen Fällen bleibt der Schwarze Peter bei den höheren Mächten, den äußeren Umständen oder bei jemand anderem, der sich nicht wehren kann.

Komm, süßes Nichts

»Lassen Sie uns den Luxus der Stille haben.«

JANE AUSTEN

Strandsituation Sri Lanka. Eine bundesdeutsche Yoga-Streberin (meine interne Vornamenwette geht in Richtung Kerstin) strengt sich im Lotus-Sitz sichtlich an, ihr Los-Lasso auszuwerfen.

Ihre Gesichtszüge sind gar nicht entspannt. Woran sie wohl denken mag? Wahrscheinlich nicht an Lösungsmodelle bezüglich der Wasserversorgung im südlichen Teil des Landes. Vielleicht mit einer gewissen Wehmut an das Balenciaga-Clutcherl, das sie sich beim Zwischenstopp in Dubai dann doch nicht gekauft hat. Unser Beachboy, dem ich den Spitznamen Chubby-Checker gegeben habe, weil er von guten Wechselkursen über knallblaue Seide, emigrationswillige »husbands« bis zu frischen Schwertfischhälften einfach wirklich alles besorgen kann, tippt Meditations-Kerstin auf die Schulter und sagt: »Madame, you want tuk-tuk, show you nice temple, you want nice jewellery, you like ring. No like ring? You have husband? Where is husband? You beautiful, very beautiful.«

Und schon ist es um die Kontemplation seiner Zielperson geschehen.

Kontemplations-Kerstin brüllt: »You go away, you stupid idiot. I meditate, I want silence, peace, quiet, don't you see that?«

Vor diesem Aggressions-Tsunami schreckt mein Freund Chubby-Checker so zurück, dass er nahe daran ist, in meiner Strandtasche um Asyl anzusuchen. Ich erkläre ihm, dass er es bloß nicht persönlich nehmen solle. Vielleicht hat diese Frau am

Morgen einen ayurvedischen Öleinlauf bekommen, der nicht die gewünschten Entschlackungs-Effekte erzielte.

Er kichert wie ein Kobold und fragt dann plötzlich sehr ernst »Why want peace, silence this woman, when scream like police car?«

Eine total berechtigte Frage von der unübertroffenen Eleganz der Einfachheit.

Ich antworte: »Fusion emotions, woman wants to be east, but is more west by heart, understand?«

Wenn man sein Englisch in paradiesischem Ambiente verlernen möchte, sollte man unbedingt nach Sri Lanka fahren. Nach drei Wochen unterhielt ich mich tatsächlich nur mehr in einer rührend hilflosen Idiomatik: »Me like raging Kerstin a lot, is so very much beautiful, no problem I have.«

Die Yoga-Tante bemühte sich inzwischen um eine Selfie-gerechte Position und hielt stark verrenkt ihr Gerät in die Luft. Ich zwitscherte ihr zu: »Schöne Grüße an Ihre Mitte! Und ganz viel positive Energie, dass Sie auch weiter die Kraft finden.«

Dass ich sie jetzt wie ein Glückskeks zutextete, brachte sie erst recht in Rage.

Namaste! Me like a lot!

Teure Reisen ins Nichts

Tatsächlich sind wir schon wieder in einem modernen Paradoxon gelandet: Um in den Genuss von Stille zu kommen, um kontemplieren zu können und dem Nichtstun zu frönen, um achtsam zu leben (wobei das Wort Achtsamkeit bei mir bereits leichte Aggressionswellen auslöst), muss man neuerdings ordentlich Geld in die Hand nehmen. Der Wiener Philosoph Konrad Paul Liessmann, ein immer extrem ergiebiger und launiger Gesprächspartner, sieht in diesem Phänomen nichts Verwerfliches: »Wer zu schwach ist, um mit sich allein zu sein und die Stille auszuhalten, wer auch dafür einen Trainer oder ein bestimmtes Ambiente braucht, der soll dafür bezahlen.« Zum Beispiel in den Bergen von Malibu, wo man um 7800 Dollar die Woche in der Institution mit dem schlichten Titel »The Ranch« lernt, ohne Smartphone, Zucker, Fernsehen und Alkohol zu leben und mit sechs Mandeln im Designerrucksäckchen stundenlang ohne zu reden im Berghinterland zu wandern. Dazwischen Massage, Yoga, veganes Abendessen aus dem Biogarten, den ein paar zu Dekozwecken herumstaksende Ziegen nur von außen betrachten. Der Gründer des It-Klosters, der ehemalige Investmentbanker Alex Glasscock, diagnostiziert im »S-Magazin« des »Spiegel«: »Unsere Gäste genießen es, keine Wahl zu haben.«

So weit waren wir doch schon zwangsweise und wesentlich günstiger, bevor Voltaire, Rousseau, Kant und Lessing uns im 18. Jahrhundert eingeflüstert haben, dass unser Leben gestaltungsoffen ist und wir in unseren Konzepten nicht fremdbestimmt sein müssen.

Dennoch ist der Kampf um die Stille zu einer regelrechten Industrie verkommen. Die Vermarktbarkeit von Ruhe und geschütztem Nichts hat die katholische Kirche gleich gewittert: Im Verbund »Kloesterreich« bieten fast zwei Dutzend Klöster in Österreich Schweigeseminare und verbales Detox an, wo man bei spartanischem Lebensstil in Form von dünner Suppe und Kräutertees die Schönheit des Nichts und der Langeweile im Klüngel wieder zu entdecken lernt.

Die Dänen sind schon seit Jahren voll »hygge«, was so viel wie nett, angenehm und gemütlich bedeutet. Die Bilder dazu haben wir natürlich auch parat: Man kuschelt in Wollsocken von freilaufenden Schafen zu heißem Hochprozentigen mit lauter gutaussehenden Freunden, die wie in den Ikea-Katalogen den Kopf lachend nach hinten werfen, um der Wohlfühl-Atmosphäre körpersprachlich Nachdruck zu verleihen.

Inzwischen gibt es jede Menge Magazine, die das »Hygge«-Gefühl transportieren, mit Titeln wie (Überraschung) »Hygge«, »Flow«, »Happinez«, zu den Themen gibt es auch Hunderte Blogs, in denen Sinnfluencer (das Wort gibt es wirklich) mit bunten Bändchen in den Haaren in weiten Kleidern um Feuerschalen hopsen. Im »Flow«-Achtsamkeitsspecial empfiehlt eine Achtsamkeits-Coachfrau, dass man auch seinen Routinehandlungen besondere Wertschätzung entgegenbringen möge, zum Beispiel solle man beim Toilettengang auf jeden seiner Schritte achten und dabei tief durchatmen. Oida! So kriegen sogar Klogänge einen Superstressfaktor.

Das ist ja das Perverse an der Überzivilisation – dass man für die einfachsten Alltagsverrichtungen (über die man früher nicht einmal nachdenken wollte, weil zu öd) fantastisch teure Coaches und Betriebsanleitungen braucht. So wie vor 30 oder 40 Jahren das Diät-Hotel ins Lifestyle-Repertoire einer gehobenen Mittelschicht Eingang fand. Man fuhr auf eine solche Antifress-Kur und zahlte Unsummen, um drei traurige Karotten, die in schlammiger Gemüsebrühe trieben, zum Abendessen zu sich zu nehmen.

»Keine Termine und leicht angeschickert«

Ich habe mich in das Zeitgefühl der Langeweile verliebt. Nach Jahren in der Dauer-Bespaßung finde ich das konzentrierte Glotzen ins Nichts herrlich befreiend. Und inspirierend. Mir ist, wie man bei uns in Wien sagt, schön fad. Es ist doch nichts schöner als, was Termine betrifft, eine Tanzkarte so blütenweiß wie ein Mauerblümchen in einem Jane-Austen-Roman zu haben. Mit »Keine Termine und leicht angeschickert« hatte schon der verstorbene Schauspieler Harald Juhnke sein Glücksmotto beschrieben.

Tatsächlich litt die Langeweile jahrhundertelang an einem Image der Dekadenz; sie galt als Zustand geistiger Ödnis einer von Nichtstun und existenzieller Sinnlosigkeit überforderten Gesellschaftsschicht. In Anton Tschechows Stücken tummeln sich jede Menge Repräsentanten eines solchen Gefühlszustands. Tschechow, von der Dekadenz des vorrevolutionären Russland angeekelt, ist ein meisterlicher Choreograf der Langeweile. In Matthias Hartmanns Burgtheater-Inszenierung »Onkel Wanja« warf sich Jelena Andrejewna (alias die großartige Caroline Peters) rücklings auf den Boden und rief: »Ich sterbe vor Langeweile!« Dabei streckte sie alle viere in die Luft, um ihrer Überdrüssigkeit Nachdruck zu verleihen. Diese Inszenierung von »Onkel Wanja« war übrigens ein Knallbonbon an Unterhaltung. Wo sonst noch – außer im Theater – kann man Menschen auf so hohem Niveau beim langsamen Verrücktwerden zusehen?

Ansonsten nur in der U-Bahn oder in den eigenen vier Wänden.

Harald Schmidt, der einst rasende TV-Entertainer, suhlte sich schon im Alter von 55-plus in einer Art Ruhestand. Er hatte seine Firma aufgelöst, die Kostüme dem Fundus der Kölner Oper gespendet und schätzte zunehmend »den kurzen Tagesschlaf«, wie er dem Wochenmagazin »Stern« berichtete. Auf die Frage, ob in seinem verfrühten, arbeitsleeren Rentnerdasein nicht auch ein Gefühl von Langeweile aufkomme, antwortete er mit großer Entschiedenheit: »Nie. Ich beobachte den Alltag und genieße das Leben ohne Zeitdruck. Ich lasse die Vorfahrt.«

Bei einem seiner Besuche in Bad Vöslau, wo er unser Festival »Schwimmender Salon« immer wieder als Vortragsgast beehrt, erzählte er, wie fassungslos ein Anrufer reagiert habe, als er ihm erzählte, dass er seine Mutter gerade zur Kur fahre: »Der dachte, ich mache einen Scherz, und konnte es nicht glauben, dass ich jetzt den Familienchauffeur spiele.«

Sein Faible für das Prinzip Siesta teilt der Entertainer außer Dienst mit dem literarischen Popstar der Trägheit, des Prokrastinierens und des Gedankenkreisens: Oblomow, der Anti-Held aus dem gleichnamigen Roman von Iwan Gontscharow, gilt seit seiner Entstehung Mitte des 19. Jahrhunderts als prototypischer »Malvivant« und Vertreter einer zum Untergang verdammten Kaste, die es sich in der Langeweile, dem Stillstand und der Verantwortungslosigkeit allzu gemütlich gemacht hatte.

Iwan Gontscharows »Oblomow« ist das Psychogramm eines begnadeten Müßiggängers, der den Anforderungen des Alltags mittels einer Dauer-Siesta ein Schnippchen schlägt. »Frei wie die Vögel spazierten die Gedanken über sein Gesicht«, heißt es da über die Ikone der Trägheit, »das Gesicht leuchtete in einem warmen, gleichbleibenden Licht der Sorglosigkeit.«

Wie Iwan Gontscharow, der paradoxerweise immer wieder wegen der Doppelbelastung als russischer Regierungszensor und Schriftsteller an Erschöpfungszuständen und Migräne litt, setzten viele große Dichter und Denker des Abendlands die Langeweile mit Lebensüberdruss, Nichtsnutzigkeit, Dekadenz, Sinnleere und in Apathie umgeleiteter Melancholie gleich: Charles Baudelaire, Blaise Pascal, Søren Kierkegaard, Arthur Schnitzler, Robert Musil oder Anton Tschechow, um nur die bedeutendsten zu nennen. Für sie alle war die Langeweile Symptomträgerin eines gesellschaftlichen Krankheitsbilds und das Privileg einer überzüchteten, parasitären Elite, die, wie Irina in Tschechows Drama »Drei Schwestern« über sich selbst klagt, »mittags um zwölf Uhr aufsteht, im Bett ihren Kaffee trinkt, dann sich zwei Stunden lang anzieht … oh, wie schrecklich ist das«.

Für den vernunftbegabten, aufgeklärten und leistungswilligen Menschen des 18., 19. und 20. Jahrhunderts erwies sich Langeweile als ein Gefühl, das man nicht aufkommen lassen durfte und dem es in jedem Fall zu entfliehen galt.

»Nichts gleicht an Länge jenen lahmen Tagen, die unter einer schweren Schneelast lagen, wo dumpfe Trübsal Langeweile spinnt«, schrieb der erste Punk-Dichter (er färbte sich seine Haare grün) Charles Baudelaire in seinen »Blumen des Bösen«.

Der französische Mathematiker und Philosoph Blaise Pascal schlug im 17. Jahrhundert in seinem verzweifelten Kampf gegen den »Ennui«, so der französische Begriff für Langeweile und Lebensüberdruss, eine noch härtere Tonart an: »Nichts ist so unerträglich für den Menschen, als sich in einer vollkommenen Ruhe zu befinden, ohne Leidenschaft, ohne Geschäfte, ohne Zerstreuung, ohne Beschäftigung. Er wird dann sein Nichts fühlen, seine Preisgegebenheit, seine Unzulänglichkeit, seine Abhängigkeit, seine Ohnmacht, seine Leere. Unaufhörlich wird aus dem Grund seiner Seele der Ennui aufsteigen.«

Geistiges Flanieren

Doch die Stigmatisierung des Stillstands, des geistigen Flanierens und des unstrukturierten Nichtstuns, die ihren Ursprung im christlichen Moralverständnis und seiner Losung »Ora et labora – bete und arbeite« hat, wurde im Corona-Jahr 2020 quer durch die wissenschaftlichen Disziplinen einer neuerlichen Überprüfung unterzogen.

Schließlich hatten Baudelaire und Pascal keine Ahnung, was es bedeutet, ein Smombie zu sein, der durchschnittlich 100 Mal täglich diverse Kanäle wie WhatsApp, Instagram, Twitter, Facebook oder den zwischengeschlechtlichen Fleischmarkt Tinder kontrolliert. Denn der Selbstwert des digital obsessionierten Menschen misst sich vor allem am Grad der Außenwahrnehmung. In diesem Zustand der Daueralarmiertheit existieren natürlich wenig Chancen für gepflegte Langeweile.

Eine Armada von Psychologen, Pädagogen, Hirnforschern, Neurologen und Philosophen ist sich nach fast 15 Jahren im Wischmodus (Apple lancierte das erste iPhone 2007) und unter ununterbrochenem digitalem Beschuss einig: Gebt uns und vor allem unseren Kindern die Langeweile zurück! Denn der Drang zur dauerhaften Verschmelzung mit unserem Kommunikationsequipment hat aus uns allen Konzentrations-Loser und Opfer der Ablenkung gemacht. Nie darf Langeweile aufkommen, nie erhält das Hirn einfach nur grünes Licht, um sich fallen zu lassen. Während der Urzeitmensch den Status der Alarmiertheit nur auf der Jagd oder bei feindlichen Attacken verspürte und die Stresshormone dann wieder ihrer Wege zogen, steht der »Homo iPhoniensis« nahezu ohne Unterlass unter diesem biochemischen Dauerbeschuss; Tag- und Nachtstrukturen heben sich in dieser 24 Stunden im Bereitschaftsmodus stehenden Gesellschaft zunehmend auf. Das schädigt nicht nur die Seele, sondern auch die organische Gesundheit: Blutdruck und Herzfrequenz steigen, Verdauungs- und Schlafstörungen treten auf. Die Fähigkeit, sich auf eine Tätigkeit zu fokussieren, wird durch dieses Leben unter Wahrnehmungsstress stark in Mitleidenschaft gezogen, die Konzentrationsspanne hält nicht viel länger als einen kurzen Popsong lang.

In Zwischenräumen des Loslassens und der Befreiung von äußeren Zwängen entstehen jedoch Gedanken, Erkenntnisse und kreative Prozesse. Der Renaissance-Dichter Petrarca nahm den gegenwärtigen Stand der Kreativitätsforschung schon Jahrhunderte zuvor vorweg: »Wenn der Mensch zur Ruhe gekommen ist, dann wirkt er.« Goethe bezeichnete die Langeweile 1790 als »Mutter aller Musen«, die vom »Olymp kam, um mich zu retten«. Im 19. Jahrhundert war der Philosoph Arthur Schopenhauer, der sich als einer der ersten westlichen Denker intensiv mit dem Buddhismus auseinandersetzte, überzeugt: »Das glücklichste Los ist die Entbindung von Tun und Lassen.« Für digitale Neurotiker können solche Befreiungsrituale allerdings zu verhaltenstherapeutischen Extremsituationen werden.

Es sind die Kinder, denen die produktive Kraft der Langeweile zunehmen genommen wird. Das geförderte Kind wird auch schnell zu einem überforderten Kind. Besonders in der gebildeten Mittelschicht, in der Eltern auch immer älter werden, gilt ein Kind zunehmend auch als Prestigeobjekt. Langeweile und Leerläufe sind im Alltag solcher Heli-Kids, deren Eltern gleich Kreativitäts-Terroristen unablässig fördernd und fordernd über ihrem Nachwuchs kreisen, nicht mehr vorgesehen. Solche Heli-Eltern werden oft zu strengen Verwaltern der Freizeit ihres Nachwuchses: Kaum dem Windelalter entsprungen, müssen die Fortpflänze schon einen dicht gedrängten Stundenplan absolvieren und werden vom Cello-Unterricht zum Kiddy-Yoga und Montessori-affinen Ausdruckstöpfern chauffiert. Dabei wären Zeitfenster, in denen Kinder sich selbst überlassen sind und durch Tagträumen ihre Fantasie und ihren Improvisationsgeist zum Schwingen bringen können, für ihre Entwicklung und Adaptierfähigkeit von essenzieller Bedeutung.

»Kinder sind keine Fässer, die mit Wissen angefüllt werden können«, erklärt der deutsche Neurowissenschaftler Gerald Hüther, »viele Eltern erliegen dem Irrglauben, dass die Gehirne ihrer Kinder wie ein Muskel trainiert werden können. Doch der tatsächliche Lernerfolg hängt von emotionalen Komponenten wie Begeisterung und Interesse ab.« Denn nur »durch solch positive Emotionen« werden im Gehirn neuroplastische Botenstoffe ausgeschüttet, »die Netzwerke wachsen lassen wie der Dünger die Pflanzen«, so Hüther.

Die logische Schlussfolgerung aus diesem Loblied auf die Begeisterung ist, dass der Drill und die damit verbundenen Anstrengungen diese biochemischen Prozesse nicht zustande kommen lassen. Ein Kindergehirn, das einer ständigen Reizüberflutung ausgesetzt ist, »kann auch untergehen – zu viel Stimulierung läuft dem natürlichen Reifungsprozess auf eine irrwitzige Art entgegen«, so der deutsche Hirnforscher Gerhard Roth. Schon Säuglinge reagieren auf solchen neurologischen Stress mit Schlaf- und Essstörungen.

Vor ein paar Jahren rief der inzwischen verstorbene Pädagoge Wolfgang Bergmann mit seiner Buchpolemik »Lasst eure Kinder in Ruhe!« die Tiger-Eltern zur Ordnung. Im Terrorregime der »Exzellenzpädagogik« und der Überbehütung würde den Kindern sukzessive die Freude am Entdecken, Experimentieren und Improvisieren ausgetrieben. Übervorsichtige Eltern projizieren ihre eigenen Ängste natürlich auf ihre Kinder, die diese dann als Handgepäck mit ins Leben bekommen, wodurch ihr Selbstvertrauen mit großer Wahrscheinlichkeit nachhaltig geschädigt wird. Also, Leute, Hände weg von euren Kindern.

Wer Kindern die Liebe zur Natur predige, erklärte schon die weltberühmte Kreativitätsforscherin Alice Miller (»Das Drama des begabten Kindes«), bringe ihnen allerhöchstens das Predigen, aber sicherlich nicht die Liebe bei. Statt ihre Kinder unter Dauerbeschuss von Erklärungen zu stellen, die weit über ihre Wissbegier hinausgehen würden, täten Eltern besser daran, »einfach nur Vorbilder zu sein«.

Doch einfach ist im Tretminenfeld der Pädagogik schon lange nichts mehr. Wie in der Sexualität und der Ernährung ist auch auf dem Gebiet der Erziehung längst jenes Paradoxon eingetreten, dass unser Wissens- und Erkenntnisstand so hoch und komplex wie nie zuvor ist, aber dennoch auch die Verunsicherung und Ratlosigkeit so um sich greift wie nie zuvor.

Auf einem Weltwirtschaftsforum in Davos erregte die britische Entwicklungspsychologin Teresa Belton mit ihrem Vortrag »Warum Langeweile so wichtig für Kinder ist« weltweites Aufsehen, ihre Thesen wurden tausendfach in den sozialen Medien geteilt: »Langeweile ist kein Defizit, sondern eine Gelegenheit. Nur so kann der Geist eines Kindes flanieren lernen. Und nur mit einem vom ständigen Bombardement der Außenwelt immer wieder geschützten Geist können sich soziale Fähigkeiten und selbstständiges Vorstellungsvermögen entwickeln.«

Das Erlernen der Langeweile war auch eines der dringlichsten Anliegen des Philosophen Martin Heidegger in den Zwanzigerjahren des vergangenen Jahrhunderts. Er pochte in seinen »Grundbegriffen der Metaphysik« darauf, den Begriff in seiner ursprünglichen Bedeutung »lange Weile« und in weiterer Konsequenz »lange Zeit haben« zu begreifen und setzte ihn in Folge mit einem Heimweh nach tiefem Philosophieren gleich. Für Heidegger diente das über Jahrhunderte so übel beleumundete Gefühl als Ausgangspunkt für geistiges Flanieren, Gedankensprünge und neue Erkenntnisse, die aus dem scheinbaren Nichts den Weg an die Oberfläche des Bewusstseins fanden.

Auch das größte Wunderkind der Kulturhistorie, Wolfgang Amadeus Mozart, widersetzte sich Zeitzeugen zufolge immer wieder den Anforderungen seines Vaters, indem er sich besonders auf den langen Reisen in sein Fantasieuniversum, »das Königreich Rücken«, wie er es nannte, zurückzog und sich seine eigene Welt spintisierte. Das im Netz kursierende Mozart-Zitat »Heute nichts erlebt. Auch schön« ist leider (weil so herzerfrischend) nicht authentisch. Tagebuchaufzeichnungen, die solche Chill-Momente auflisten, fanden sich jedoch immer wieder. Mozart schrieb: »Die Musik steckt nicht in den Noten, sondern in der Stille dazwischen.«

Spaßbremse für Nichtstuer

Für den Image-Niedergang des Müßiggangs ist unter anderem das Moral- und Ethikverständnis des Christentums verantwortlich. Das Bashing des Faulenzens, das in Sprüchen wie »Müßiggang ist aller Laster Anfang« seinen Niederschlag fand, sei eine »beliebte These des Protestantismus«, so der Philosoph Konrad Paul Liessmann, »der mit seinem Arbeits- und Pflichtethos den Boden für die noch heute gültige Verklärung der Arbeit bereitete«. Doch schon früher wurde im Christentum für Nichtstuer auf die Spaßbremse getreten: Schon in einem Paulus-Brief ist die Rede davon, dass der, der nichts arbeitet, auch nichts essen soll.

Derartiger Kleingeist war in der Antike nicht salonfähig. Dort galt die »Vita contemplativa«, die auf Aristoteles zurückgeht, als »Ideal vom irdischen Glück«. Arbeit und Pflichterfüllung waren Angelegenheiten des Proletariats und der Sklaven. Eine Geisteshaltung, die der Adel für seine Zwecke bis zum

Zusammenbruch der Monarchie Anfang des 20. Jahrhunderts übernommen hat. Aristoteles selbst bezeichnete die Muße als »Lust, wahres Glück und seliges Leben«. Auch die Renaissance erteilte die Lizenz zum Chillen.

Als Protest gegen die emsige Engstirnigkeit der Wirtschaftswunder-Streber läuteten in den 1960er-Jahren Künstler und Studenten eine vorübergehende Hausse des kreativen Nichtstuns ein. Mit der Cash- und Gier-Dekade der 1980er verflüchtigte sich der Esprit der Bohème wieder. In dem Essayband »Faulheit – eine schwierige Disziplin« zeichnet der Schweizer Historiker Manfred Koch die Kulturgeschichte des Nichtstuns von der Antike bis zur christlichen Arbeitsmoral und der Maximierungsökonomie des 19. Jahrhunderts nach. 500 Jahre Leistungsgesellschaft hätten, so Koch, ihre Spuren hinterlassen: »Während früher noch moralische Instanzen den Ruhm des Fleißes hochgehalten haben, tut es heute das Individuum selbst – wenn es mit dem Beschleunigungsgrad nicht mithalten kann, plagt es sich mit Selbstvorwürfen und empfindet sich als Loser.«

Und dann ab in die Burn-out-Klinik. Solche Entstressungs-Anstalten gab es auch schon Jahrhunderte zuvor für feinnervige Künstlernaturen. »Neurasthenie« hieß das Burn-out des ausgehenden 19. Jahrhunderts, das sich in schwachen Nerven, chronischer Antriebslosigkeit, Erschöpfung und schwerer Melancholie äußerte. Die Neurasthenie-Diagnosen von damals unterscheiden sich, sozusagen innovationsbereinigt, nur marginal von den entsprechenden Befunden der Jetztzeit. Statt Facebook, Twitter und WhatsApp war es damals die flächendeckende Einführung der Elektrizität, die den natürlichen Biorhythmus des Menschen aus dem Gleichgewicht brachte und zu Nervosität und Überreizung führte. Auch das beschleunigte Reisen mit der Eisenbahn verwirrte nach Meinung vieler Zeitgenossen die Sinne so nachhaltig wie der allgegenwärtige Jetlag des 21. Jahrhunderts.

Genia Hofreiter, die tragische Heldin in Arthur Schnitzlers Drama »Das weite Land«, war ein literarisches Paradebeispiel für jene Erkrankung; aber auch Schnitzler selbst brachte es in dieser Disziplin zur Meisterschaft. »Müd, so müd«, lautet ein häufiger Eintrag in seinen Tagebüchern. 1920 notierte er: »Vernichteter Nachmittag. Wie viele nicht vernichtete Stunden gibt es eigentlich in meinem Leben?«

Auch Künstler- und Denkerkollegen wie Friedrich Nietzsche, Sigmund Freud, Hugo von Hofmannsthal, Franz Kafka, Thomas Mann und Rainer Maria Rilke plagte die permanente Ermattung, wie der Literaturwissenschaftler Wolfgang Martynkewicz in seiner kulturgeschichtlichen Analyse »Das Zeitalter der Erschöpfung« zeigt. »Man hat manchmal die Empfindung, als hätten uns unsere Väter nur zwei Dinge hinterlassen: hübsche Möbel und überfeine Nerven«, seufzte der junge Hofmannsthal. Und Nietzsche schrieb: »Die Erschöpfung ist dort am größten, wo am unsinnigsten gearbeitet wird.« Eine gültige Analyse auch für die Kraftlosen des 21. Jahrhunderts.

Der österreichische Psychiater Richard von Krafft-Ebing ortete um 1880 eine kollektive Angststörung, die sich an der Furcht »vor Seuchen, politischen Umwälzungen, Börsenkrachs, Kriegen, vor dem Socialismus und anderen schrecklichen Dingen« entzündete. Vom »Socialismus« vielleicht abgesehen, könnte die Aussage auch wie maßgeschneidert auf die Gegenwart umgelegt werden. Offenbar reagieren Menschen, die sich in Epochen des Umbruchs, der Umwälzungen und radikalen Veränderungen befinden, unabhängig von ihrem realen Arbeitspensum empfindsamer, nervöser und letztlich erschöpfter.

Wir Babyboomer waren die erste Generation der »digital immigrants«; wir wurden im Prä-Internet-Zeitalter sozialisiert und mussten uns in den vergangenen 15 Jahren radikal umstellen. Das schlaucht natürlich kolossal.

Zum Ausgleich steht mittlerweile eine gigantische Wellness-Industrie parat. Aber auch das ist nichts Neues: Schon Rilke, Kafka und Mann fuhren zu vitalisierenden Kuren in schicke Kliniken, wo sie barfuß durchs Gras liefen, sich vegetarisch ernährten, sich Dampfbäder und Salzwickel gönnten und im Freien schliefen. Nach einer solchen Prozedur konnte Rilke nur noch müde notieren: »Fehlt mir die Kraft? Ist mein Wille krank? Ist es der Traum in mir, der alles Handeln hemmt?« Vielleicht hätte er die Antwort bei seinem späteren Dichterkollegen Peter Handke gefunden. Dieser hinterlässt in seinem »Versuch über die Müdigkeit« einen wertvollen Hinweis für den produktiven Umgang mit der Erschöpfung: »Die Inspiration der Müdigkeit sagt weniger, was zu tun ist, als was gelassen werden kann.«

In diesem Zusammenhang muss ich auch an meinen Freund Gobi in Indien denken, der uns Zivilisations-erschöpften Tussen in Meditation (»You imagine, Madame, divine light, then no problem!«) zu unterrichten versuchte. Im Zuge meiner geschwätzigen Unaufmerksamkeit bekam ich vom sonst so dauerfreundlichen Gobi den strengen Verweis: »Take your time, madame, otherwise your time will take you.«

Gesprächs-Akrobatik

»Way too much information!«
Britischer Hilfeschrei bei lausigen Gesprächspartnern

Auf einem meiner Sri-Lanka-Trips ließ ich mir in einem Tempel in Colombo von einem in Orange gekleideten Herrn mit kaum Frisur das buddhistische Sündenregister erklären. »Fruitless talkativeness«, so der reizende Mönch, führe zu einem sicheren »downfall«. Er führte mich zu einer alten Zeichnung, auf der sich Menschen mit großspurigen Gesten dieser fruchtlosen Geschwätzigkeit widmeten. »Lots of wasted energy with senseless talking«, kommentierte er lachend. Er hatte gut grinsen, zählte er doch zur Spezies der konstruktiven Schweiger.

Stammte das Bild aus der Gegenwart, würden die Abgebildeten zusätzlich zum Brabbeln ihre iKnochen umklammern und ihre Gegenüber Teilzeit-ignorieren. Der Fortschritt ermöglicht eben, dass man einander heute auf unzähligen Kanälen nichts zu sagen weiß. Ich habe das Glück, in einer Freundestruppe unterwegs zu sein, in der viele Oscar-Wilde-Aphorismen aus dem Ärmel zu schütteln in der Lage sind und das Schmäh-Pingpong läuft wie geschmiert. Dementsprechend schwer tue ich mir, wenn ich zum Abendessen bei besser entfernten Bekannten eingeladen bin, die so nervenzerfetzende Themen wie anständige Preis-Leistungs-Verhältnisse in der Gastronomie, neue Automodelle und die Frisurproblematik des amtierenden Kanzlers beplaudern.

»Warum so traurig? Haben Sie gerade jemanden verloren?«, fragte mich bei einem solchen Fadesse-Dinner kürzlich mein Tischherr, denn aus purer Langeweile kullerten mir Tränen über die Wangen. Weinen aufgrund von Langeweile ist eine meiner vielen Unarten, gegen die es keine Waffe zu geben scheint. »Ja, ich habe jemanden verloren«, schluchzte ich leise, »meine Lebensfreude. Sie war eine so erfrischende Begleiterin…«

Der merklich irritierte Tischherr, ein Mann von beiger Psyche, ließ dankenswerterweise von mir ab und suchte sich sofort ein neues Opfer, das er mit seinen pointenfreien Nicht-Anekdoten zutextete.

Das war die goldene Gelegenheit, um einen französischen Abgang zu machen, also sich grußlos und unbemerkt davonzustehlen. Ein kleiner Tipp: Sollte man später von seinem Gastgeber mit einer leichten Fischvergiftung in der Stimme darauf angesprochen werden, warum man es nicht einmal der Mühe wert gefunden habe, sich zu verabschieden, empfiehlt es sich, sofort den Phrasenbaustein aus dem Ärmel zu beuteln: »Ich bekam plötzlich eine solche Migräne und wollte niemandem die fantastische Stimmung verderben!«

Als ich nach diesem tränenreichen Dinner in die Nacht gestürmt war, absolvierte ich eine gedankliche Fernherzung meines Mönchs.

Und dachte an Niki Lauda, den Überlebenskünstler par excellence, mit dem ich für »profil« mehrere, oft stundenlange Interviews geführt habe. Ich mochte diese Gespräche mit dem mehrfachen Formel-1-Weltmeister und einer Art Nationalheiligtum sehr, denn Lauda war bei seinen Antworten von einem spröden, erfrischend undiplomatischen No-Bullshit-Pragmatismus, den man in dieser unverschnörkelten Direktheit selten bei Interviewpartnern findet. Lauda war ja bekannt für seine akribische Ökonomie, was Geld und Zeit betraf. Eines seiner Hassobjekte war Smalltalk, schließlich hatte er sich seine ganze Karriere lang, egal ob als Rennfahrer, Pilot oder Rennstall-Mastermind, darauf konditioniert, möglichst schnell auf den Punkt zu kommen. Die Dramaturgie des Fluchtwegs lief in der Regel so: »Ich bin ja wohlerzogen. Ich sage dann schon zu meinem Sitznachbarn so was wie: ›Entschuldigung, ich muss kurz raus.‹ Nur komme ich dann nie mehr wieder. Ich hasse es einfach, meine Zeit zu vergeuden. Mir gehen diese ganzen Society-Angelegenheiten furchtbar auf den Wecker. Meine Schmerzgrenze ist relativ niedrig, weil ich in meinem Leben eben schon so viel deppert in der Gegend herumgesessen bin. Allein diese öden Sponsoren-Dinners in Monaco vor dem Grand Prix. Was ich da brav Präsidentengattinnen die Hände geküsst hab! Und innerlich tickte in mir immer nur der Satz: Wie komme ich möglichst schnell hier raus?«

Fly wie Niki, dachte ich mir, als ich durch die Nacht spazierte und mich dabei so frei wie schon lange nicht mehr fühlte.

Perlende Konversation ist eine Kunst, die Millennials in den für die Sozialisation prägenden Jahren der Pubertät dramatisch wenig trainiert haben – im Vergleich zu anderen Generationen. Schließlich läuft der Kommunikationsfluss vor allem in abgehackten, auf das Notwendigste beschränkten Textbotschaften, in denen orthografische Unebenheiten an der Tagesordnung waren und sind. Tatsächlich bedarf es bei der Gesprächsführung einer Fähigkeit, die bei den Kids, die im Netz groß geworden sind, nur beschränkt kultiviert werden konnte: Empathie. Zu einem wendigen Einfühlungsvermögen gehört auch das Wissen, wie gewisse mimische Merkmale des Gegenübers wie Stirnrunzeln, Kopfhaltung, Veränderung des Blicks zu werten sind. Mit großer Wahrscheinlichkeit stehen manche davon ja auch in einer Diskrepanz zum Gesagten. Eine TV-Serie, die hilft, diesbezügliche

89

Defizite auszugleichen, ist »Lie To Me«, wo Tim Roth einen mürrischen und hochbezahlten Dolmetscher körper- und gesichtssprachlicher Signale spielt, der mit diesem Talent hilft, knifflige Kriminalfälle zu lösen.

Im letzten Roman von Nick Hornby, »Just Like You«, ist Joseph, der um fast 20 Jahre jüngere Liebhaber und Ex-Babysitter der Protagonistin Lucy, unter Vollstress, als ihn diese erstmals auf eine Dinnerparty mitnehmen möchte. »Worüber werden wir reden?«, fragt er sie. »Das entscheidet man doch nicht im Vorfeld… Worüber redet ihr?« Josephs Antwort bringt das Konversationsdilemma seiner Generation auf den Punkt: »Ich weiß nicht. Ich habe es vergessen. Na ja, wenn so Sachen auftauchen… auf Instagram. Dann zeigt man sich das und redet darüber.«

Es gibt inzwischen Tonnen von Studien, die zeigen, wie sich der zunehmende Verlust des direkten Gesprächs auf unsere Psyche auswirkt. Schon wenige Jahre nach der Lancierung von Facebook existierten auf amerikanischen Universitäten Kurse mit dem schönen Titel »Facetime« (der Begriff wurde danach für das iPhone übernommen), wo Studierende übten, in direkten Kontakt miteinander zu treten. Das klingt für uns digitale Zuwanderer natürlich nahezu pervers, aber tatsächlich gewann die direkte Interaktion, inklusive des Konversations-Eisbrechers, für die jungen Menschen zunehmend an Schrecken.

In Lockdownistan haben wir das auch in bislang ungeahnter Härte erlebt. Gillian Sandstrom lehrt Psychologie an der University of Essex. Sie fand heraus, was ohnehin auf der Hand liegt: Ein kleines Gespräch im Alltag, egal ob über Fußball oder das Wetter, mit der Dame hinter der Wursttheke oder mit dem Taxifahrer, macht den Alltag beschwingter und heller, als wenn man nur finster grübelnd aneinander vorbeistapft.

Lob des Wienerischen

Im Zuge des zweiten Lockdowns im Winter 2020 wurde Freundlichkeit mein zweiter Vorname. Die Menschen waren alle (inklusive mir) Befindlichkeits-Baustellen der ärgsten Sorte. In dem Tennessee-Williams-Stück »Die Nacht des Leguan« in einer Peter-Zadek-Inszenierung brüllte einmal ein Protagonist: »Ich habe zurzeit keinen einzigen Cent mehr auf meinem emotionalen Nervenkonto!« Ich verstand ihn nur zu gut. Klar, unser Gemütszustand war nach fast einem Jahr in Babyelefantistan mürbe wie korrekt gelagerter Lebkuchen. Ein falsches Wort, ein argwöhnischer Blick und schon ist das »anger management« sowas von aus dem Höschen: »Was is mit du, Oida?«, »A Kübl Ohrwascheln is schnell brockt!« oder »Führerschein in der Lotterie g'wonnen, oder was?« Der Wiener besitzt ja ein reichhaltiges Idiome-Schatzkästchen für Impulskontrollverlust in all seinen wüsten Spielarten. Die schreckliche Schönheit des Wienerischen nährt sich vor allem aus folgenden Zutaten: Bildgewaltigkeit, Ungenauigkeit, Verniedlichung des Bösen, Dauerbereitschaft zum großen Gejammer und »Schmäh«. Der Schmäh muss natürlich »ständig rennen«, »wuarscht« wo, weil sonst »das Gespräch einfriert, die Engel in den Raum treten und die Klammheit eines Wartezimmers ausbricht«, so der Wiener Satiriker Karl Ferdinand Kratzl in einer Schweizer Dokumentation über den Gemütszustand unserer Bundeshauptstadt. Sigmund Freud beschrieb 1905 in der Berggasse im 9. Wiener Gemeindebezirk erstmals die psychohygienische Entlastungsfunktion des Humors in seinem Werk »Der Witz und seine Beziehung zum Unbewussten«. Der Lustgewinn durch den Witz hat nach Freud die riesigen Nebenwirkungen, Anspannungen zu lockern, Konflikte zu verdrängen und sich mit Gleichgesinnten zu solidarisieren.

Für solche, denen die produktive, mit Zynismus aufgeladene Reibungsfähigkeit abhandenkommt, denen also »da Schmäh ausgeht«, haben die »Schmähtandler« Vernichtungsurteile, die gleich Arsen mit Spitzenhäubchen daherkommen: »Geh, red' ma's in a Sackl und stöll ma's vor de Tiir« (zu Hochdeutsch: »Sprich es mir in eine Tüte und deponier es vor meiner Tür«).

Einen etwas humaneren Zerstörungsgrad birgt die Variante B für namenloses Desinteresse (mit vorangeschicktem Blick auf eine Uhr): »Sog, waunn kommt da Bus mit di Leit, die wos des interessiert?« Wenn ein Rohrkrepierer von Humor den Abgang macht, heißt's dann nur noch lakonisch: »Da Soundso, der hot an Schmäh wie a Lebenslänglicher.«

Dass das Wienerische trotz seiner vielen versteckten und subtilen Perfidien einen unwiderstehlichen Charme zu entwickeln imstande ist, hat auch mit seiner Ungenauigkeit zu tun. »Herzensschlampereien« nannte der Wiener Dramatiker Arthur Schnitzler den Zustand der Unentschlossenheit in zwischengeschlechtlichen Beziehungen, von verbalen Schlampereien strotzt das umgangssprachliche Wienerisch: Stehsätze wie »Nix Genaues waß ma ned« oder »Schau ma amal, dann wer'ma scho sehn« fliegen oft, um jeglichem Aufkommen von Beschleunigung Einhalt zu gebieten. Die radikalste Form der Verneinung kommt völlig harmlos mit »Ned wirklich« daher. Und wenn sich die Begeisterung tatsächlich mehr als in Grenzen hält, antwortet der Wiener, wenn er nicht zur Spezies der »Vollkoffer« oder »Nudelaugen« zählt, auf eine Frage wie »Wie war der Gschnas bei der Soundso?«, mit dem Kürzel »Eh« oder »Jo eh«, was einer einsilbigen Vernichtung gleichkommt.

Jeder Dialekt, so die Sprachforscher, biete so etwas wie Heimat und Zugehörigkeit. Es wirkt auch, so belegen Studien, für die Psyche weit entlastender, wenn man sich beim Fluchen seiner Mundart bedient und nicht in Hochdeutsch loslegt.

Kürzlich wollte ich einer Prater-Kellnerin meine Hochachtung erweisen, als sie den anzüglichen Bemerkungen zweier »radiererfetten Sacklpicker« (zu Deutsch »volltrunkene Tütenkleber«, denn diese Tätigkeit ist eine Beschäftigungstherapie in Haftanstalten) an einem Tisch folgende Bemerkung um die Ohren fegte: »Na, es zwa Höld'n?! Wollt's eich net besser mit der Pinzett'n an obeholen?« (»Nun ihr zwei Helden? Wollt ihr euch nicht vielleicht besser mit der Pinzette einen runterholen?«)

Der Dialekt, diese herrliche Filiale des Hochdeutschen, lebt nur im Gehen, also in tatsächlich analogen Gesprächen. Und natürlich auch in Liedern. In der digitalisierten Welt mit ihren OMG-, LOL- und ASAP-Kürzeln ist er der Grausamkeit des Verschwindens und Vergessens preisgegeben.

»Mi fragt ja kaner, aber …«

Doch zurück zur Freundlichkeit, nicht gerade das größte Talent des Wiener Dialekts. Was sind wir nicht alle ausgehungert nach dieser Substanz. Deswegen sage ich jetzt bei jeder Taxifahrt sowas wie: »Tolles Auto!« – »Wie läuft es zu Hause?« – »Sie Pfitschipfeil, so schnell war ja noch keiner da …«, herze die Weinhändler bei der Lieferung seelisch (»Bei Ihrem Rotwein werden die Franzosen von Weinkrämpfen gebeutelt werden – Spitzenklasse!«) und bedanke mich bei jeder persönlichen Paketzustellung mit einem eingesprungenen Wie-schön-dass-Sie-selbst-kommen-und-mir-nicht-nur-den-ollen-gelben-Zettel-hinterlassen-Salto. Was viele nicht kapieren, ist, dass Lob die beste Korruptionsmethode der Welt ist. Und noch dazu supergünstig. Gehen Sie bitte damit verschwenderisch um! Extreme Umwegrentabilität garantiert.

Allerdings kann Ihre Freundlichkeit auch auf das Hässlichste missbraucht werden. Prototypisch ist dafür der Wiener Taxifahrer, der die Dialog-Geneigtheit eines Fahrgasts gerne für politische (oft eher rechts gelagerte, durchaus auch rassistisch angehauchte) Brandreden missbraucht, die durch die Phrase eingeleitet werden: »Mi fragt ja kaner, aber ...« oder »I sag ja nix, i red ja nur ...«

Der große Vorteil solcher Begegnungen ist ihre zeitliche Überschaubarkeit. Die Königin von England, berufsbedingt eine Smalltalk-Koryphäe, konstatierte über die verpflichtenden Begegnungen mit ihrer ersten Premierministerin Margaret Thatcher: »Sie blieb viel zu lange und sie redete viel zu viel.«

Sollte man bei diesen Stehpartys wie Premierenfeiern, Vernissagen oder Buchpräsentationen im Würgegriff eines Konversations-Schwachmatikers landen, ein guter Rat: einfach freudig aufgeregt ins Nichts winken und mit einem schnell gemurmelten »Entschuldigen Sie mich bitte, aber ich habe da drüben gerade einen alten Freund gesehen« entschwinden.

Der Konversationsforscher und Sinologe Tilman Spengler empfiehlt, in jedem Fall, bei bleierner Gesprächsträgheit zur »entschlossenen Flucht in möglichst entlegene Nischen«.

Noch ein durchaus herzerwärmendes Revival haben wir dieser verfluchten Pandemie zu verdanken: Das gute, alte Telefonat wurde als lange vernachlässigter Kommunikationskanal wiederentdeckt. Unsere Kids telefonierten ja kaum noch, außer wenn eine der vielen besten Freundinnen an Liebeskummer-Agonie laborierte. In den Phasen des Eingesperrtseins konnte im direkten Dialog wieder trainiert werden, was viele seit 2014 nahezu verlernt hatten: Emotionen zu transportieren, eine Stimmung der Intimität zu kreieren, in thematische Gefilde zu driften, die man im pragmatischen SMS-Dialog nie auch nur ansatzweise gestreift hätte.

Tatsächlich kann einen auf Veranstaltungen uninspirierter Smalltalk so ermüden wie drei Tage Ackerbau. Der unterschätzte und schon lange verstorbene Existenzakrobat Otto Kobalek war bekannt dafür, dass er gleich einer Jukebox in seinen besten Zeiten im legendären Wiener Künstler- und Journalistentreff, dem »Gutruf« in der Milchgasse, für Gespräche im Vorfeld abkassierte.

Im Fettnapf-Parcours

Daran muss ich immer dann neidvoll denken, wenn ich in verbalen Abtastungen verfangen bin, die immer nach dem gleichen öden Muster ablaufen: Wenn ich mit einem lustlosen »Und, wie geht's so?« eröffne, kann sich die Frage manchmal als Schuss nach hinten entpuppen: »Ganz gut, ein bisschen Probleme mit dem Rücken, das lange Sitzen, und neuerdings ein furchtbar hohes Flatulenzen-Aufkommen...«

»Way too much information« würde ein konversationstrainierter Upperclass-Brite in solchen Momenten aus zusammengepressten Lippen fauchen. Womit wir schon beim ersten Fauxpas im potenziellen Fettnapf-Parcours einer Konversation angelangt sind.

Belästigen Sie Ihr Gegenüber nicht mit medizinischen Bulletins Ihrer Befindlichkeiten. Vor allem in einem Zeitalter, in dem allergiebedingte Unverträglichkeiten bei jedem Abendessen nahezu zu einer Wettkampfsportart verkommen sind, möchte niemand, aber auch wirklich niemand über Ihre Histamin-Unverträglichkeiten, Blähbauch-Neigungen und das ganze Lactose-Tralala Bescheid wissen. Außer Sie weilen vielleicht gerade zu Besuch in China. Dort wäre »ein gehaltvolles Gespräch über Peristaltik nach einem üppigen Abendessen durchaus angebracht«, so Tilman Spengler, Verfasser eines Werks über gekonnten Smalltalk mit dem Titel »Sind Sie öfter hier?«

Keiner will jedoch hierzulande bei einem Cocktail oder einer Weinverkostung wissen, wie es Ihnen tatsächlich geht. Außer Sie haben gerade eine schwere Zangengeburt oder einen Raubmordversuch erlitten.

Oder man trifft, wie mein langjähriger Kollege, »profil«-Redakteur Otmar Lahodynsky, auf dem PLO-Kongress in Algier 1982 den PLO-Politiker Mohammed »Abu« Daoud, der zwei Jahre zuvor im Kugelhagel unbekannter Täter in einem Warschauer Hotel niedergestreckt worden ist. In diesem Fall ist die Frage nach der Befindlichkeit legitim. Und siehe da – der Drahtzieher der Terrorakte während der Münchner Olympiade 1972 antwortete auch freundlich: »Oh ja, man hat mich zusammengeflickt, es geht mir gut, wie Sie sehen.«

Auch wenn Sie müde sind, halten Sie sich von der Analyse der aktuellen Wetterlage fern, beklagen Sie auch unter keinen Umständen, dass die Jahreszeiten heuer wieder einmal verrücktspielen, was wahrscheinlich dem Klimawandel zu verdanken sei.

»Das Wetter ist die letzte Zuflucht der Fantasielosen«, klagte Oscar Wilde, der, gemäß dem Konzept des Dandyismus, seine Kunst nicht nur in sein literarisches Œuvre fließen ließ, sondern auch seine Existenz zu einem rebellischen Kunstwerk modellierte. Wofür er später bitter bezahlen musste. Er starb verarmt, krank nach mit Zwangsarbeit verbundenen Gefängnisjahren und von der Gesellschaft verstoßen mit nur 46 Jahren in einem schäbigen Hotelzimmer im französischen Calais. Seine letzten Worte sollen – zumindest der Legende nach – angesichts der scheußlichen Tapete folgende gewesen sein: »This wallpaper and I are fighting a duel to the death. Either it goes or I do.« (»Diese Tapete und ich, wir geben uns ein Duell des Todes. Entweder sie oder ich: einer von uns muss gehen…«) Jahre zuvor war Wilde der It-Gast im spätviktorianischen London gewesen, ein Popstar der Konversation. Seine Fähigkeit, blitzschnell zu replizieren und Aphorismen aus der Hüfte zu schießen, war so gefürchtet wie bewundert. Mit Bonmots wie »Wer unter die Oberfläche schaut, ist selbst schuld« oder »Ehrgeiz ist die Wurzel aller Hässlichkeit« liefert er bis heute aphoristische Appetizer für Konversation auf Kür-Niveau.

Meinhard Rauchensteiner, seit vielen Jahren Mitarbeiter in der Wiener Präsidentschaftskanzlei, beschrieb in seinem Glossar »Das kleine ABC des Staatsbesuchs« die wichtigsten Regeln des »Kleingesprächs« auf dem rutschigen Parkett der Diplomatie: »Erstes verbales Abtasten des gegnerischen Freundes; dient dem Kennenlernen und sollte nur sparsam mit Inhalten versehen sein. Die meisten wichtigen Themen taugen nicht zum Kleingespräch: Minderheiten, Menschenrechte, Frauenrechte, Korruptionsbekämpfung, sexuelle Vorlieben.«

Das gilt auch für uns Normalsterbliche. Erinnern wir uns an Lady Grantham in Form der grandios trockenen Maggie Smith in der Serie »Downton Abbey«, die einst nach einer angezettelten Debatte über Religion im Teesalon folgendes wunderbare Bonmot staubtrocken zurückschoss: »Religion ist wie ein Penis. Es ist in Ordnung, einen zu haben. Es ist in Ordnung, stolz darauf zu sein. Aber man sollte ihn nicht in aller Öffentlichkeit herausholen und damit herumwedeln.«

Verbal-Akrobaten sind in den heutigen Plauderwüsten so selten wie Handwerker, die zu dem telefonisch in Aussicht gestellten Zeitpunkt auch tatsächlich an der Tür läuten. Wenn mir solche Könner im Lieblings-Café »Engländer« an den Tisch gespült werden, verbeiße ich mich in sie wie ein Pitbull Terrier und will sie nie wieder loslassen.

Besonders enervierend ist, dass meist die besonders uninteressanten Leute gerne so viel und so lange von sich erzählen. Meine äffisch verehrte, persönliche Dichterfürstin Dorothy Parker, eine Meisterin des aus der Hüfte geschossenen Wortwitzes, der oft mit vergifteten Pfeilspitzen daherkam, pflegte in solchen Situationen ihrem Gegenüber die Frage zu stellen: »Meine Füße sind bereits eingeschlafen, würde es Ihnen etwas ausmachen, wenn ich mich dazugeselle?«

Bei langweiligen Theateraufführungen, die sie rezensierte, endete sie ihre Kritik häufig mit den Worten: »Wenn Sie das Stück Soundso besuchen, vergessen Sie bitte Ihr Strickzeug nicht.«

Sie nannten sie die »Königin der Wisecrackers«, was die Parker verachtete. In einem Interview mit der »Paris Review« kläffte sie gegen Ende ihres Lebens: »Als Witzereißerin wurde ich eingestuft. Das machte mich traurig. Denn es besteht ein Höllenunterschied zwischen Witz und Witzen. Witz enthält Wahrheit. Witze sind lediglich Gymnastik mit Worten.«

Eloquenztraining und Plauderbegabung

Kann man Eloquenz trainieren? Möglicherweise nicht durch Seminarbesuche – ging schon beim Flirten an sich schief und auch das Flirten mit Worten lernt man durch Praxis. Und natürlich, ja, auch indem man in ein literarisches Bootcamp eincheckt und dort Alfred Polgar, Anton Kuh, Dorothy Parker, die Radioshow-Scripts der Marx Brothers und Komödien von Oscar Wilde liest. Oder sich den fantastischen Film »Mank« von David

Fincher auf Netflix ansieht, um zu studieren, wie beißendes Pointen-Pingpong auf höchstem Niveau in der Goldenen Ära Hollywoods funktionierte. Gary Oldman spielt den versoffenen und genialischen Drehbuchautor Herman Mankiewicz, der für eine Pointe eine zerbrochene Existenz in Kauf nimmt und sich trotz dieser selbstzerstörerischen Kräfte sein Meisterwerk, das Script zu »Citizen Kane«, aus den Rippen schneidet. Auf die Frage seiner Assistentin »How do you do, Mr. Mankiewicz?«, lautet seine Antwort: »Oh, this is a big question.«

Der britische Philosoph Alain de Botton unterrichtet in seiner »Schule des Lebens«, dass man als Konversations-Eisbrecher die Frage »Wovor haben Sie Angst?« stellen sollte, weil man dadurch eine Abkürzung ins existenzielle Zentrum des jeweiligen Gegenübers nehme. Wollen wir das? Ich würde mich in einer solchen Situation mit dem Satz wegdrehen: »Vor solchen Fragen« – nach einer kurzen Nachdenkpause aber vielleicht doch noch einmal zurückkehren.

»Emotionale Inkontinenz«, das lesen wir immer in der männlichen Forschung, sei natürlich eine Domäne der Frauen. Aber öffnet die Fähigkeit, seine Wunden offenzulegen, wie ich das bezüglich Andy Warhol im Kapitel »Ruhmservice« beschrieben habe, nicht auch das Tor zur Empathie? Kommt es dadurch nicht zu einem völkerverbindenden Me-too-Effekt, nämlich in dem Sinn, dass die Artikulation eines Gefühls und die Formulierung eines Bedürfnisses dem Gegenüber eine Form von Erleichterung verschafft? Marke: Ach ja, dem oder der geht es ja genauso, ich bin nicht allein auf der Welt mit meinen bescheuerten, erbärmlichen kleinen Ängsten, die sind offensichtlich ein großflächiges Phänomen. Vielleicht sollte man nicht gleich mit einem großen Eröffnungsmonolog à la »Seit meiner letzten

schon wieder narzisstischen Beziehung habe ich mir einen Rott-
weiler zugelegt. Ich möchte nur mehr von Typen mit vier Beinen
fertiggemacht werden« ins Haus fallen.

Durchaus nützlich wirken die Ezzes einer südafrikanischen
Konversationstrainerin namens Claire Newton, die folgendes
Reglement für Konversationen in größeren Gruppen aufstellt:
Gehen Sie zu dem Event mit einer positiven Einstellung (schon
der erste Stolperstein!). Wählen Sie ein Thema, mit dem alle etwas anfangen können – also keine intellektuellen Pfauenräder
schlagen, die andere verschrecken könnten. Geben Sie allen die
Gelegenheit, sich in das Gespräch einzubringen. Hören Sie zu –
an diesem Thema habe ich mit meinem Psychotherapeuten vier
Jahre gearbeitet und ich bin nach oben noch weit offen. Leider.
Aber die Kunst des Zuhörens ist in dieser Ego-besessenen Zeit
eine Eigenschaft, mit der man Sympathie-Punkte auf der Cha-
rakter-Kartei sammeln kann.

In einem Interview mit der »Daily Mail« sagt der schon oben
genannte britische Alltags-Philosoph Alain de Botton: »Nur weil
wir Menschen sind, herrscht der allgemeine Glaube, dass wir
auch miteinander reden können. Dabei haben viele von uns gar
nicht das nötige Rüstzeug dafür.«

Eine gute Konversation vergleicht de Botton »mit einem
Nachtspaziergang in einer fremden Stadt, wo du plötzlich auf
einem wunderschönen Platz landest …«. »Everybody talks and
nobody says a word«, beklagt sich John Lennon in dem Song
»Nobody told Me«.

An sich gehörte die Kunst der »conversation agréable« über
Jahrhunderte zum Fixinventar des aristokratischen Erziehungs-
programms. Am Hof der Habsburger wurden für die kaiserliche
Kinderschar gesellschaftliche Nahkampfschulungen wie Tees

oder Miniaturbälle zwecks Umgangstraining institutionalisiert. Auf Jagdeinladungen, Heiratsanbahnungsfestivitäten wie Bällen, während der endlos langen Sommer auf den Landsitzen hatte die damalige gesellschaftliche Elite dann ab der Geschlechtsreife ausreichend Gelegenheit zur Praxis in der Kunst, viel zu reden und dabei nichts zu sagen. Das Einfließenlassen von französischen Phrasenpartikeln wie »Das geht mir contrecœur« oder »Wie agaçant!« ist bis heute unter Blaublütlern durchaus Usus. Es ist jedoch »Bürgerlichen« davon abzuraten, aus Höflichkeit diesen Spleen mitmachen zu wollen. Denn mit solchen Assimilierungsbemühungen deklassiert man sich schnell als sogenannter »Kronenkraxler« oder »Hermelinfloh«, so der Aristo-Jargon für nicht adelige Trittbrettfahrer, die alles tun würden, um dazuzugehören. Genauso wie es in bäuerlicher Umgebung für den zugereisten Städter nicht angebracht ist, den regionalen Dialekt tollpatschig zu imitieren oder sich vom Hut bis zu den Stutzen in der regionalen Tracht zu kostümieren, wie es die Wiener gerne in der Salzkammergut-Sommerfrische betreiben. Äffisches Imitationsgehabe generiert bei der zu verführenden Gruppe im besten Fall mildes Lächeln.

Im Zuge der Aufklärung und des Individualisierungsprozesses des aufstrebenden Bürgertums im 17. und 18. Jahrhundert musste der Adel das Konversationsmonopol zunehmend abgeben. Gemäß der Kant'schen Aufforderung »Bediene dich deines Verstandes« entwickelte das Bürgertum ein neues Selbstbewusstsein und eine Identität auf den Gebieten der Kunst, Philosophie und Wissenschaft, die sich jenseits der Gunst- und Auftragszuwendung der herrschenden Schicht abspielte. Voltaire, Rousseau und Diderot stellten die Weichen in Frankreich; im England des 19. Jahrhunderts entstand zusätzlich eine Dandy-Kultur, deren

Ziel es war, das Leben als exzentrisch-rebellisches Kunstwerk gestalten zu wollen. Der Popstar dieser Bewegung war der Dichter Oscar Wilde, dessen zeitgenössische Popularität sich weniger aus seinem literarischen Œuvre speiste als aus seiner Konversationsbegabung.

Im monarchistischen Österreich unter der Herrschaft des wortkargen Kaisers erlebte die Konversationskultur mit dem Ende des 19. Jahrhunderts ihre Hochblüte – vor allem dank der »Kaffeehaus-Juden«, wie die Nazis später die geistige Elite der Schriftsteller, Aphoristiker und Journalisten gerne abfällig bezeichneten. Zu den »Sprechstellern«, so Kurt Tucholskys Bezeichnung für das Konversationsgenie Anton Kuh (es gibt auch Stimmen, die diese Wortkreation Karl Kraus zuordnen), zählten der Dichter Peter Altenberg, die Publizisten Alfred Polgar und eben Anton Kuh, der Reporter Egon Erwin Kisch, der Kulturhistoriker Egon Friedell und Literaten wie Hugo von Hofmannsthal, Franz Molnár und der noch sehr junge Friedrich Torberg, der den Geist der Zeit in der Anekdotensammlung »Die Tante Jolesch« später verewigte.

Beste Voraussetzung für einen wendigen Smalltalk ist auch heute noch das, was André Heller als »schwebendes Gemüt« bezeichnet – ein Konglomerat aus »Herzensbildung, gewissen guten Manieren und einer Eleganz der Gedanken«.

Wenn man in der Charisma-Lotterie bestenfalls einen Dreier gezogen hat und auch die mitgegebene Erziehung durchaus zu wünschen übriglässt, bestehen dennoch Chancen, »eine gewisse Fertigkeit zu erreichen«, so der Konversationsforscher Tilman Spengler, »man sollte jedoch keine Ratgeber lesen, sondern Salonkomödien und Gesellschaftsromane studieren«. Denn die »verbale Kargheit«, vorrangig ein in Deutschland florierendes

Phänomen, sei natürlich noch einmal »gigantisch« verstärkt worden durch Facebook und Smartphone.

Also bestellen Sie, auch wenn Sie bei der Ausgabe von Charisma in der ersten Reihe standen und entsprechend verwöhnt wurden, in der kleinen Buchhandlung Ihres Vertrauens Tschechow-Stücke, das Gesamtwerk von Oscar Wilde, Teile des Werks von Marcel Proust und sehen Sie sich Screwball Comedies mit Bette Davis und Katharine Hepburn an. Und vergessen Sie natürlich nicht die Anthologien jüdischer Witze und jüdischen Humors. Und Truman Capote, den man nicht oft genug lesen kann, und der schon vor mehr als einem halben Jahrhundert den Untergang der Konversationskultur beklagte: »Deswegen gibt es so wenig gute Unterhaltungen: aus Mangel. Dass ausgerechnet zwei intelligente Gesprächspartner aufeinandertreffen, ist ziemlich selten.« Um dieses Risiko zu minimieren, interviewte sich Capote manchmal auch gerne selbst.

Helfen Sie dem Zufall auf die Sprünge und seien Sie streng bei der Auswahl Ihrer Konversations-Sparringpartner. Der Rest liegt an Ihrem Talent für Situationselastizität.

»Granaten im Kuvert«

»Du bist meiner unwürdig!«

ALMA SCHINDLER, *20, an den viel älteren Gustav Klimt*

44 blassblaue Briefe, von Tränen zerlaufene Liebesbeschwörun-
gen und noch immer riechen die Kuverts nach seinem »Chanel«-
Duft. Wenn ich vom Leben enttäuscht bin (also recht häufig) und
von der Liebe wieder einmal den Mittelfinger gezeigt bekommen
habe (fast noch häufiger), köpfle ich in die Kiste mit den Briefen, Nachrichten, Zetteln, Miniaturbotschaften. Die blassblauen
Briefe mit der schrägen, engen Schrift, mit einem Band zu einem
Bündel geschnürt, thronen über allen anderen Spurenelementen
meines früheren Lebens.

»Mögen wir, wenn wir alt und senil geworden sind, mit Stolz
sagen können: Ja, auch ich wurde einmal angebetet«, heißt es im
Film »Vier Hochzeiten und ein Todesfall«. Wenn ich das brüchi-
ge Papier-Bündel in den Händen halte, muss ich an diesen Satz
denken.

Gut, es ist schon ein kleines Weilchen her, dass man derma-
ßen angebetet wurde. Unter uns Betschwestern: 40 Jahre. So geliebt wurde ich wahrscheinlich nie wieder. Oder anders formuliert: Keiner konnte seine Liebe so artikulieren wie er. Heute ist
ja die Statusänderung auf Facebook auf »... is in a relationship«
bereits das Überbingo an zwischengeschlechtlicher Zugewandt-
heit. Und meistens ist dann schon nach wenigen Wochen die Än-
derung der Statusmeldung auf »It's complicated« zu lesen. Statt
Briefen besitzen die modernen jungen Menschen eine App namens »Tagsy«, mittels der sich protokollieren lässt, wie oft oder

eben nicht das Objekt der Begierde auf dem eigenen Instagram-Account die Bewegungsmeldungen seiner hoffentlich Angebeteten kontrolliert hat. Bei der App für modernes Stalking auf Insta räkeln sich zwei Tusschen auf einem Bett. Die eine lamentiert: »He is no longer interested in me. He unfollowed me.« Der Trost der anderen: »But he visited your profile eleven times…«

Der blassblaue Briefeschreiber hieß übrigens Jean-François, lebte in Paris, trug bordeauxrote Pullunder und Levi's 501 und hatte so einen in den 1980er-Jahren extrem angesagten Rundhaarschnitt. Heute würde man Männer mit so einer Frisur kommentarlos zum Abschuss in die Erdumlaufbahn freigeben, aber für eine kleine Provinzschnepfe meines Kalibers war ein solcher Mann damals das Nonplusultra an Weltgewandtheit und Mondänität. Und Romantik, aber oh, là, là! Da lief die ganz große Oper ab: Mondscheinpicknicks, Bistros, in denen er unter falschem Namen den Rest der Tische geordert hatte, damit wir den Saal ganz allein hatten, mit Rosenblättern bestreute Laken, Eifersuchtsdramen im Morgengrauen am linken Seine-Ufer, Weinkrämpfe und Croissants mit Schokoladefüllung zum Frühstück. Heute würde ich mich – danke Stahlbad Zynismus – wahrscheinlich angesichts solcher Bemühungen mit Grauen abwenden, der Fortpflanz würde nur den Kopf schütteln und in seinem Dauer-Denglish anmerken: »Mutter, der Typ ist so cheesy!« Aber damals war eben alles anders. Auch die Jugend.

»Was für einen Mann der Wilde Westen ist, ist für die Frauen Paris«, diagnostizierte einst knochentrocken Clint Eastwood in »Ein Fressen für die Geier«. Er hatte ja so recht.

Hans-Franz (wie meine Freundinnen Jean-François leicht gehässig eindeutschten) war mein amouröses Paris und netterweise wohnte er auch dort. Ich hätte mich damals bereits zur

Nationen-Monogamie entschließen sollen, denn – wie sich später leidvoll herausstellte – so leidenschaftlich, bedingungslos, ohne Scheu vor Pathos und stilvoll wie Frankreich liebt kein anderes Land. Das konnte ich an den Briefen anderer Liebhaber ablesen.

Ich würde viel darum geben, die Briefe, die ich im Turbopathos oder Verlustkummer an diverse Herzensherren geschrieben habe, heute lesen zu können. Aber es gibt ja auch noch jede Menge Tagebücher. Für nichts verachtete ich meine Mutter mehr als dafür, dass sie in meiner Pubertät durch meine Tagebücher schnüffelte, um meinen Status quo in einer von ihr torpedierten Romanze zu orten.

In der Trauer wirkte das Niederkritzeln von allem, was noch einmal kommuniziert werden wollte, extrem befreiend. Ich erfuhr dabei auch eine ganze Menge über mich selbst. Nicht immer Sympathiebeflügelndes, denn es war erschreckend, mit welcher Verbissenheit ich manchmal auf wirklich emotional zerstörerischen Beziehungen beharrte.

Wenn ich heute auf Facebook die zahlreichen Selbsthilfegruppen »SOS, schon wieder ein Narzisst« oder »Wo geht's hier zum Notausgang – Schluss mit meiner toxischen Beziehung« sehe, denke ich mir manchmal: Hilfe! Wäre ich eine von denen, wenn ich heute Mitte 30 wäre? Ich möchte von ganzem Herzen hoffen: nein.

Eine anzuratende Alternative ist das Loskotzen in Schriftform – analog und ohne Publikum. Es macht schon Sinn, dass verletzte oder aus der Spur geratene Menschen sich auch mittels Schreibtherapie Lasten von der Seele schaufeln. Dabei ist es völlig egal, ob diese Entrümpelungsprozeduren von lupenreinem Stil sind oder vielleicht ein wenig behäbig formuliert. Darum geht es in dem Fall überhaupt nicht. Hauptsache, das Herz wird leichter.

Archive der Emotionen

Jeder Mensch sollte eine Kiste haben (oder auch mehrere), die die Funktion eines Museums der Erinnerungen, eines Archivs der Emotionen hat. In meinem Archiv dieser Art sind Lochkarten (mein Vater war einer der ersten Programmierer bei IBM), auf denen ich meine Mutter um Verzeihung bat, wenn ich etwas zerbrochen hatte (passierte oft, schweres Linkshänder-Kind und dementsprechend tollpatschig) oder nach einem Streit (passierte auch oft) das Klima wieder verbessern wollte: Ich unterschrieb oft mit den Worten »in herzlicher Liebe«, Vorname, Nachname, eigenartig für ein gerade einmal achtjähriges Kind. Muss ich einmal mit einem Psychotherapeuten besprechen.

In der Kiste findet sich auch die Kopie des Abschiedsbriefs meines Urgroßvaters, der in seinen Achtzigern, nahezu erblindet, von den Nazis geköpft wurde. Es war möglicherweise nicht so eine Prinzenidee, während des Naziregimes 1942 durch die Straßen zu spazieren und dabei das kommunistische Manifest unter die Menschen bringen zu wollen. Vor allem dann nicht, wenn man kaum mehr etwas sehen konnte. Er war der einzige Widerstandskämpfer in unserer Familie – leider. Bless you, Uropa Franz Rudolf Hager, obwohl der Roman »Faustrecht«, den du der Nachwelt hinterlassen hast, sagen wir, nicht so wirklich der Verkaufsknüller war. Es ist das einzige Schriftstück, das ich von dir habe. Endlich haben solche wie du in der »Gruppe 40«, was ein bisschen paramilitärisch klingt, am Wiener Zentralfriedhof eine Gedenkstätte bekommen. Ich werde demnächst mit dem Fortpflanz dorthin pilgern.

In der Kiste ruht auch eine kleine braune Geldbörse mit einer Silbermünze, zu der meine Großmutter mütterlicherseits knapp vor ihrem Tod mit 47 Jahren (ich war vor ihrer endgültigen

Abreise gerade angekommen) einen Zettel mit den Worten »Meinem kleinen Sonnenschein, den ich noch sehen durfte – zum Andenken« gelegt hatte. Wann immer schwierige Situationen anstehen oder ich eine Sicherheitskrücke brauche, habe ich das Geldbörsel mit der Sonnenschein-Botschaft in der Tasche. Es funktioniert in der Regel.

Dann sind da noch Dutzende Postkarten in der Kiste, die von einer regen Reisefreudigkeit meiner Verwandtschaft zeugen. Wie beruhigend, dass es heute wieder gute Kräfte gibt, die sich um die Reanimation der nostalgiehaltigen, bebilderten Ich-denk-an-dich-Botschaft bemühen: Die Theaterregisseurin Stephanie Mohr hat ihre zweite Leidenschaft, die Fotografie, in die Gründung eines Postkartenverlags gegossen, den Sie online finden können. Die Schauspielerin Caroline Peters und ihr Mann Frank Dehner haben die wunderbare Galerie »Art postal« gegründet, wo diverse Künstler eingeladen werden, Postkarten zu gestalten. Ein prachtvoller kleiner Laden im Herzen von Bobohausen, dem Schleifmühlviertel im 5. Wiener Gemeindebezirk.

Wenn ich mich weiter durch das Archiv meiner Lebensstationen in Form von zwei türkisen Pappkisten grabe, fische ich fünf Briefe meiner Freundin Marga Swoboda, eng mit der Schreibmaschine beschrieben (sie hat sich auch als Journalistin nie zum Computerschirm zwingen lassen), aus dem Chaos an Zetteln, Fotos, Karten, Kinderzeichnungen, Post-it-Botschaften, die sich in den letzten 45 Jahren in meinem Leben angesammelt haben.

Ich denke mit Wehmut daran, dass unsere Kinder und Kindeskinder solche emotionalen Archive möglicherweise schon nicht mehr haben. Vielleicht ändert sich das jetzt aber auch demnächst. Vielleicht werden sie auch unglaublich dankbar, wenn sich das Leben wieder haptischer und nicht nur im Widerschein eines bläulich leuchtenden Displays gestaltet.

Riechsalz-Fläschchen

»Freundschaft ist wie ein Fläschchen Riechsalz, das man immer im Notfallpaket haben sollte«, schrieb mir Marga. Ich war keine besonders gute Freundin gewesen, wir hatten uns oft über Monate nicht gehört. Aber das war für sie völlig in Ordnung. Denn diesbezüglich blieben wir uns beide nichts schuldig. Jede vor ihren Karren gespannt, zwischen Deadline-Druck bei den Zeitungen und Magazinen, die Chaotinnen wie uns beschäftigten, und Kinderaufzuchts-Wahnsinn (sie hatte vier!) – und immer wieder gab es sogar einen Mann, der sich im Nachhinein als das Gegenteil einer Frischzellenkur erwies. Aber bei jedem unserer Treffen passierte das Eigenartige, dass die verstrichene Zeit so egal war wie das berühmte umgefallene Fahrrad in Peking und man sich auch nach Wochen der Funkstille so vertraut war, als ob man sich erst gestern noch zum Abschied umarmt hätte. Im Frühling 2013 waren wir gleichzeitig in Paris, wir sind gemeinsam alle Gedenkstätten von Schriftstellern abgegangen, die prachtvolle Zimmerflucht von Victor Hugo auf der Place des Vosges ebenso wie das bescheidene Kabäuschen von Balzac, dem manischen Schreiber, der trotz seiner Produktivität immer hoch verschuldet war. Wir waren beide sprachbesessen. Unsere Liebe zu Formulierungen (neben der Liebe zur Unvernunft in allen Facetten) einte uns. Und im November desselben Jahres war sie dann plötzlich nicht mehr da.

Und noch immer hoffe ich so verbissen wie vertrottelt, dass ich nur in einen grausamen Traum geplumpst bin, aus dem sie mich mit einem schon etwas aufgebrachten Anruf aufweckt:

»Was ist jetzt mit dir, du altes Luder! Ein Fingerhut Prosecco wird doch noch möglich sein. Ich bin in 20 Minuten im Engländer!« Was natürlich nie gestimmt hat. Es waren immer mindestens 45 Minuten, aber nur wenn man richtiges Glück hatte. Doch das wusste ich nach einer 30-jährigen Freundschaft sowieso. Wenn ich ihre Briefe in der Hand halte, ist sie wieder da. Ich höre ihr Räuspern vor wichtigen Sätzen, das so klang, als nähme sie Anlauf, ich sehe ihren leicht schief geneigten Kopf, wenn sie zuhörte. Sie konnte fantastisch zuhören. Ihr Brief, in dem sie, die Löwinnenmutter, mir vom Tod ihres Sohnes schreibt, und von der »Herzzerfetzungsmaschine«, die seither nicht mehr aufhört, sich zu drehen, zerfetzt mir noch immer das meinige.

Liebeswahn in Briefform

»Briefe sind wie Granaten«, sagte der britische Schauspieler Benedict Cumberbatch im »Guardian«, »sie haben eine explosive Kraft.« Er hat mit Schauspiel-Kollegen in einer Kapelle im Londoner Stadtteil Islington die Performance-Truppe »Letters Live« aufgezogen, in der er mit wechselnden Darstellern unterschiedlichsten Berühmtheitsgrades Briefe performt, die Geschichte und Geschichten machten.

Briefe ermöglichen uns, Vergangenheit oder auch Geschichte zu atmen, als ob wir uns direkt, wie in einer Zeitreisekapsel, in das damalige Geschehen katapultieren würden. Im Zuge meines Festivals »Schwimmender Salon«, das ich seit einem Jahrzehnt im Thermalschwimmbad Bad Vöslau machen darf, habe ich zahlreiche solche Zeitreisen angetreten. Ich wühlte mich durch die Briefe von Marlene Dietrich, Sigmund Freud, Ernest Hemingway, F. Scott Fitzgerald und vielen anderen »lausigen Akrobaten«, wie Fitzgerald sich selbst in einem Briefwechsel mit

Ernest Hemingway, seinem Buddy für Unfug aller Arten, nannte. Ich verbrachte mit meiner kleinen Crew viele Stunden beim Entschlüsseln von Handschriften wie jener der mächtigen und oft nahezu unleserlichen Pranke von Alma Mahler-Werfel, deren Briefwechsel mit Oskar Kokoschka (der wesentlich biederer und leserlicher schrieb) in einer Handschriftensammlung in Zürich lagert. Ich wachte manchmal sogar nachts auf, weil die Dechiffrierung mich bis zur Verzweiflung auf Trab hielt und ihre Ergüsse oft so gar keinen Sinn machten. Wir bastelten daraus einen wunderschönen Leseabend für Maria Happel und Johannes Krisch. Unvergessen der Moment der Erleichterung, als ich endlich in der Lage war, einen der letzten Briefe der Chef-Muse der Wiener Jahrhundertwende an Kokoschka zu entziffern, den sie nie abgeschickt hatte. Kokoschka hatte Alma nie verziehen, dass sie die gemeinsamen Kinder abtreiben ließ. Sie versuchte sich in diesem Briefentwurf dafür zu rechtfertigen:

»Einziger Geliebter!

Vom ersten Augenblick bis zu meinem Tode. Ich habe deine Kinder nicht bekommen wollen, weil du damals so wild warst, dass ich vermeinte, eine Mördergesellschaft zu gebären. Ich lebe hier jetzt in zwei großen Zimmern. Du bist überall um mich, wo ich war oder bin. Ich sehe der Vernichtung ruhig entgegen, will dich aber vorher noch einmal allein sehen. Du lebst in meinem Hirn, Herzen, Blut – wie immer. (…) Deinen Brief trage ich im Tascherl herum und küsse ihn täglich viele Male. Wie ein Priester das Missale.«

Ich hatte damals übrigens von Marina Mahler, Almas Enkelin aus der Ehe mit Gustav Mahler, die Erlaubnis erhalten, diese leidenschaftlichen Manifeste ihrer Großmutter benutzen zu dürfen.

Das Gefühl bei der Lektüre des Briefwechsels zwischen den beiden war so, als ob ich mich in ein fremdes Schlafzimmer geschlichen und dort, geschützt durch ein Tarnmützchen, Platz genommen hätte. Leichte Voyeurgefühle machten sich breit, doch die Scham wurde natürlich von der Neugierde besiegt: alte Journalistenkrankheit. Der Briefwechsel zwischen Alma Mahler und dem um sieben Jahre jüngeren Oskar Kokoschka glich einer emotionalen Achterbahnfahrt, die man heute mit dem modernen Begriff toxische Beziehung etikettieren würde. Sie bellt aus dem Grand Hotel in Scheveningen, einer holländischen Nobel-Kuranstalt, 1912: »Du lässt mich allein! Es ist der dritte Tag, an dem ich keinen Brief habe. Wo soll ich hin, wenn der Fels unter meinen Füßen zu Feuer wird?«

Kokoschka paradierte später nachts häufig bis zum Morgengrauen vor ihrem Fenster auf und ab, weil er in Panik war, dass da noch »ein anderer Kerl« komme. Seine Freunde machten sich Sorgen um seinen Zustand der Besessenheit, seine Mutter wollte die »böse Circe«, wie sie die Obsession ihres Sohnes nannte, erschießen. Kokoschka blieb unbeirrt und schrieb stolz: »Mir könnte die geliebte Frau A. mit geblähten Backen in die offene Goschen scheißen, umso mehr liebt ich sie.« 14 Jahre nach der räumlichen Trennung sitzen sie noch immer ineinander fest. 1928 notierte sie in ihr Tagebuch: »Es ist furchtbar; ich habe wieder die ganze Nacht wild und begeistert von O.K. geträumt. Er behext mich wiederum. Die Kräfte kenn ich. Der grässliche Spuk soll von mir…«

1951 schrieb Kokoschka dem 72-jährigen »Almschi«: »Wenn ich einmal Zeit finde, dann mache ich eine lebensgroße Figur aus Holz von mir und du sollst mich jede Nacht in dein Bett nehmen. Die Figur soll auch ein Glied haben, wie du es mir gemacht hast, damit du dich besser an mich erinnerst, und durch Übung wieder Lust zum Wirklichwerden gewinnst. Einmal kommen wir wieder zusammen.« Sie sollten einander nie mehr wiedersehen: Sie starb in New York, er überlebte sie in der Schweiz.

Wahrscheinlich haben sie sich so geliebt, weil sie sich so wenig gesehen haben. Brieferotik wird eben nicht durch die Realität versaut. Wie deprimierend, diese SMSe und WhatsAppereien von heute, angesichts solcher Oralexplosionen. Von den Kardashians und Miley Cyrus werden solche Dokumente für die Nachwelt nicht erhalten bleiben.

Unglaublich und auch ein bisschen beneidenswert, wie viele Männer Alma Mahler, geborene Schindler, in die Raserei gestürzt hat. Die brillantesten Exzentriker winselten vor ihren Toren, drohten mit Selbstmord und betranken sich bis zur Besinnungslosigkeit. Schon im zarten Alter von 20 besaß sie die Kraft jener Frauen, die einfach beschlossen haben, sich auf keinen Fall irgendetwas gefallen zu lassen. Beeindruckend der Brief, den sie an Klimt schrieb, als dessen Interesse an ihr ausgetrocknet war wie ein Bachbett während einer Dürreperiode:

»Klimt! Du bist meiner unwürdig! Ich sage dir das offen und aufrichtig vor meinem Tode. Ich bin eben eine solche Künstlernatur wie du, brauche aber nicht zu dir aufzuschauen wie zu einem Gotte. Und ich habe den großen Vorzug, dich wahrhaftig geliebt zu haben, während du mit mir gespielt hast.

Lebwohl – Lebwohl für immer!

Deine, Deine, Deine Alma«

Eine schöne Inspirations-Alternative für Liebesirrsinn auf höchstem Niveau bietet auch Adele Sandrock, die dem »Doktor«

(gemeint war der Dramatiker) Arthur Schnitzler am Ende ihrer Amour fou rasend vor Kränkung schrieb: »Sie elendiges, brutales, abscheuliches Wesen! Sie haben geglaubt ein Menschenleben zu vernichten – nein, mein Herr!« Angefügt war noch das Kommando, alle ihre Briefe und Fotos – »sofort!« – zu retournieren. Zuvor hatte sie ihn noch »Du süßes Menschenfleisch« genannt. Das süße Menschenfleisch selbst konnte mit der narzisstischen Durchgeknalltheit der Sandrock nicht lange etwas anfangen. Mehrere Tagebuch-Eintragungen dokumentieren seine Zermürbtheit mit der Sandrock, die er »Dilly« nannte: »Bei Dilly, zehnmal gezankt, zehnmal versöhnt; – enerviert, nicht aus der Tiefe des Gefühls!«

Oder: »Während ich an Mizi Glümer schrieb, Brief von Dilly um Erbarmen. Ich antwortete abwehrend, das Wiedersehen verschiebend.« An anderer Stelle seufzte er in sein Tagebuch: »Meine Zärtlichkeit für Dilly ist so müd, so müd…«

Im Hinterzimmer des Ruhms

Aber nicht nur in den Liebeswahnsinn oder eben das Ermatten einer Beziehungsdramaturgie lassen Briefe tief blicken. Sie vermögen versunkene Epochen wieder auferstehen zu lassen und in Griffnähe zu rücken, und sie lassen Einblicke in die Gefühlswelt zu, wie sie keine andere Form der Kommunikation festhalten kann. Der Dramatiker Arthur Schnitzler führte zum Beispiel durchgängig bis zu seinem Tod sein ganzes Erwachsenenleben lang Tagebücher, die ja nichts anderes sind als Briefe an sich selbst. Es gibt keinen Schriftsteller von Weltrang, der sein Leben ähnlich minutiös dokumentierte. Als 17-jähriger Medizinstudent hatte er mit den Protokollen seines Lebens begonnen. Nachzulesen sind sie in einer sorgsam edierten, zehnbändigen

Gesamtausgabe, die herrlich unterhaltsam ist und sich auch wie eine Art »Gala« oder »Bunte« der Jahrhundertwende genießen lässt. Das Kompendium erweist sich jedoch nicht nur als biografische Tour de Force für Schnitzler-Süchtige, sondern auch als monumentales Zeitgemälde, in dem vom wieder stark aufflackerndem Antisemitismus, dem Beginn der Psychoanalyse, dem Untergang der Monarchie bis zum Wandel der Alltagskultur durch das Kino (Schnitzler belegt rund 800 Kinobesuche) keine Facette der Umbruchepoche ausgelassen wird. Alma Mahler erwähnt in ihren Memoiren, dass Schnitzler seine Tagebücher sogar für bedeutender hielt als seine literarischen Werke. In jedem Fall erfahren wir, dass Alma Mahler an etwas Ähnlichem wie Panikattacken oder Agoraphobie gelitten haben muss. Denn Schnitzler notiert 1923: »Z.N. (Zum Nachtmahl) bei (Felix) Salten; wo Alma Mahler. Sie spricht von ihrer Angst allein zu gehen; manchmal versucht sies bis zur Oper, mit einem Wagen zurück. Fährt nie Tram.«

Schnitzler wiederum litt an Depressionen, genauso wie der junge F. Scott Fitzgerald. Nach dem Erfolg seines zweiten Romans »Die Schönen und die Verdammten« schrieb er: »Eines Nachmittags auf einer Taxifahrt zwischen immens hohen Gebäuden unter einem malvenfarbenen rosigen Himmel fing ich an laut zu flennen, weil ich alles hatte, was ich mir nur wünschte, und wusste, dass ich nie wieder so glücklich sein würde.« Am Ende seines kurzen, intensiven Lebens, gestrauchelt und alkoholkrank in Hollywood, war er so verzweifelt und einsam, dass der goldene Knabe des Jazz-Ages sich selbst eine Postkarte schrieb: »Lieber Scott – Wie geht's dir? Ich überlege, dich zu besuchen. Ich wohne im Garden of Allah. Viele Grüße. Scott Fitzgerald.« Es ist die traurigste Postkarte, die ich je in meinem Leben gelesen habe.

Dass Einsamkeit oft das Hinterzimmer des Ruhms ist, zeigt auch ein handgeschriebener Brief von Marlene Dietrich, den die wunderbare Marlene-Darstellerin Sona MacDonald in unserer Leseperformance für den »Schwimmenden Salon«, »Hemingways Liebeshöllen«, zum Vortrag brachte. 1959, die Dietrich war damals 58 Jahre alt, schrieb sie an »Papa« Hemingway: »Ich bin einsam. Aber nicht so einsam, wie es andere Leute sind. Gegen diese Art der Einsamkeit kann man wenig machen. Ich bin eigentlich immer einsam – außer, wenn ich mich um Babys und Männer kümmere. Ich sollte eigentlich eigene Babys haben – aber von wem? Als ich jung war, habe ich mir nicht so sehr den Kopf zerbrochen, ob ich Menschen verletze. Heute will ich, dass sie alle glücklich und zufrieden sind. Eine hoffnungslose Situation...«

Später notierte sie, quasi als Entschuldigung für die Nachwelt: »Hemingways Briefe waren so wunderbar, dass ich es nicht über das Herz brachte, sie mit der Welt zu teilen. Ich bewahrte sie sogar in einer feuerfesten Kassette auf. Sie waren mein einziger Besitz, der wirklich von Wert war...«

Wie trist für einen Weltstar, der seine späten Jahre bis zum Tod, vor dem Rest der Welt verbarrikadiert, in einer Wohnung in der Avenue Montaigne in Paris zubrachte.

Auf dem Siegerpodest der traurigsten Briefe aller Zeiten steht das Abschiedsschreiben der englischen Schriftstellerin Virginia Woolf vor ihrem Selbstmord an ihren Mann Leonard im Frühling 1941, das mit den Worten beginnt: »Liebster, ich spüre genau, dass ich wieder wahnsinnig werde. Ich glaube, dass wir diese schreckliche Zeit nicht noch einmal durchstehen können. Dieses Mal werde ich mich nicht erholen. Ich beginne, Stimmen zu hören, und ich kann mich nicht konzentrieren. Ich tue also, was das Beste zu sein scheint. Du hast mir das größtmögliche

Glück geschenkt. Du bist mir in jeder Weise all das gewesen, was jemand sein kann. Ich glaube nicht, dass zwei Menschen hätten glücklicher sein können, bis diese schreckliche Krankheit kam. Ich kann nicht mehr kämpfen…«

Nicole Kidman hat diesen Moment in dem nach all den Jahren von mir noch immer so geliebten Film »The Hours« nachempfunden. Und dafür völlig zu Recht den Oscar bekommen.

Natürlich ist es naiv zu glauben, dass dieses Buch-Kapitel eine große Welle an neuer Briefliteratur unter den Lesern und Leserinnen hervorrufen wird. Betrachten Sie es vielleicht auch als einen Aufruf zur Erhaltung der Handschrift, die zunehmend aus dem Alltag verschwindet. Zahlreiche Studien belegen, dass sich die Menschen durch dieses Verschwinden der eigenen Handschrift selbst etwas nehmen. Nur jene Worte, die mit fliehender Feder oder wütendem Kugelschreiber in das Papier gekerbt wurden, kommen direkt aus der Herzgegend und bleiben auch im Gedächtnis. #nofilterneeded in Form von Tastaturen oder – so die luxuriöse Perversion der digitalisierten Alltagskultur – Notepads im Retro-Design von früheren Notizblöcken, auf denen man mit einem Spezialstift pseudo-handschriftliche Notizen machen kann. Außerdem wollen Sie sich vielleicht später einmal mit Ihren Enkelkindern darüber amüsieren, wie man sich oft aus Liebe freiwillig zum Idioten gemacht hat.

Ich hoffe, es gibt noch irgendwo dieses Briefpapier in diesem ganz bestimmten Blassblau. In jedem Fall wünsche ich uns allen, dass wir, »wenn wir alt und senil geworden sind, mit Stolz sagen können: Ja, auch ich wurde einmal angebetet«.

Gedanken-Catering

»Lesen ist Denken mit einem fremden Gehirn.«
JORGE LUIS BORGES

Da saß sie, die junge deutsche Schauspielerin, im Frühstücks-modus vor ihrer Kabane im Bad Vöslauer Thermalbad und ver-schwand nahezu hinter der aufgeklappten »Süddeutschen«. Ich pirschte mich langsam heran. Schließlich hatte man es hier mit einem äußerst raren Exemplar zu tun, das nicht gleich vertrie-ben werden sollte. Einem Menschen, Baujahr 1993, wie ich später herausfand, der bei einem für diese Generation völlig anachro-nistischen Akt ertappt wurde. Lesen. Flanieren in Buchstaben. Statt der handelsüblichen, schnellen Wischbewegungen, um die Realität in schnelle Schlagzeilen eingedampft zu kriegen, verharrte sie konzentriert auf der Reportagen-Seite Drei und bummelte danach langsam ins Feuilleton.

»Laura, du liest ja Zeitung!«, rief ich beglückt.

»Ja, wieso denn nicht?«, antwortete sie erstaunt, »ich bin eben der haptische Typ.«

Sie müsse die Dinge in der Hand halten, um sie beim Lesen begreifen zu können – ansonsten habe sie totales Themen-ADHS, das Internet sei doch, wenn es um Lektüre gehe, wie »eine Hupf-burg, wo du ständig herumspringst und sehr bald keine Ahnung mehr hast, wo und warum du deine Reise eigentlich angetreten hast«.

Den Attacken auf unsere Konzentrationsfähigkeit nach der Geburt des iPhones wurden inzwischen ganze Bücherhal-den gewidmet. Gleichzeitig schwappen in den sozialen Medien ungefiltert und unsortiert Flutwellen von Meldungen über uns hinweg, deren Provenienz und Faktengeneigtheit keiner von uns überprüfen kann.

Printmedien seriöser Natur sind Entschleuniger in dieser Sprunghaftigkeit, verlässliche Zufluchtsorte, um die Komplexität der Wirklichkeit zu erfassen, und liefern eigentlich eine Art Gedanken-Catering.

Ich bin genau 30 Jahre älter als dieses Mädchen im Bad hinter der »Süddeutschen« und kam mir schon wie eine nervige Früher-war-alles-besser-Veteranin vor, wenn ich der Truppe rund um meine Tochter, heute Mitte 20, in ihren Teenager-Tagen mantramäßig einzubläuen versuchte, dass Printmedien, die richtigen Printmedien wohlgemerkt, einem Navigationsgerät durch eine verdammt komplizierte Realität gleichkommen. »Voll zach«, »viel zu mühsam«, »geh bitte, so anstrengend«, lauteten die Antworten jener Generation, die die Leselisten im Deutschunterricht mit »Wikipedia-Pitches« umschifften und ihren Schriftverkehr in einem wilden Absurderanto abhandelten (»OMG! YOLO!... alles urvollrandom«). Wir wissen, dass wir sie nicht alle ins Boot holen können, aber wir wollen es zumindest versuchen. In meiner Teenager-Phase hatte ich mit »profil«, dem Magazin, für das ich seit mehreren Jahrzehnten schreiben darf, denken gelernt. Manchmal gingen mir damals die amtierenden Autoren mit ihrer gnadenlosen Subjektivität auch auf die Nerven; aber sie hatten Gesichter, Haltung und schrieben so, dass man nach drei Sätzen erkannte, wem die dazugehörige Schreibpranke gehörte.

Im digitalen Nachrichten-Ozean der Indifferenz und Haltungsfreiheit schwindet dieses Wiedererkennungswertesystem zunehmend. Aber es gibt sie noch, die gallischen Dörfer: nach wie vor »profil«, die »Süddeutsche Zeitung«, »The Economist«, den »Guardian«, »Die Zeit« und, und, und. Im Gegensatz zu vielen anderen Redaktionen, deren Mitglieder nie ihren Schreibtisch verlassen und ihren Lebenssinn darin sehen müssen, ohne Frischluftzufuhr bei kaltem »Sojamilch-Decaf« Agenturmeldungen zu behübschen, habe ich immer in Schreibstuben gelebt, wo echte, anstrengende und leidenschaftliche Journalisten schonungslos mit sich und der Welt umgingen. Mein grenzenloser Respekt geht an die Kollegen von der Innenpolitik, Wirtschaft und Außenpolitik, die ihre Rolle als Streckenwärter des Anstands und der Moral sehen – die Aufdecker und Sichtbarmacher. Eine meiner Kolleginnen, die »profil«-Innenpolitikchefin Eva Linsinger, hat die scharfsinnige Analyse »Alles nur Fake!« (Picus Verlag) über das Tauziehen zwischen Qualitätsjournalisten und Politikern im Zeitalter von Begriffen wie »Message Control« und »Lügenpresse« vorgelegt.

Der Begriff »Lügenpresse« hat im Pandemie-bedingten Wuchern der abstrusesten Verschwörungstheorien, die im Bill-Gates-Bashing gipfelten (Gates soll laut diesen Irren unter anderem mit der Impfung die gesamte Menschheit mittels implantiertem Chip unter Kontrolle zu bringen versuchen), ein Revival erlebt. Das beliebte Schlagwort der aktuellen Verschwörungs-Hirngespenster, mit dem die Medien als willfährige Handlanger der Machthaber diffamiert werden sollen, existiert eigentlich seit Mitte des 19. Jahrhunderts im deutschen Sprachraum. Zunächst wurde es von konservativen Katholiken mit antisemitisch durchsetztem Weltbild gegen die liberale Presse verwendet, in der ja viele jüdische Journalisten arbeiteten. Und auch die Nazis benutzten die liberale »Lügenpresse« als Feindbild, um die Propagandamaschine mit einem weiteren

Argument gegen die »volkszersetzende Kraft« des »Weltjudentums« zu ölen.

Boxkämpfe und Offenlegungen

Politiker aus der Reserve zu locken, sie mit Fragen in Verlegenheit zu bringen, gelingt im Fernsehen selten, höchstens bei den letzten TV-Duellen vor einem Wahltag, wie wir am Schlagabtausch zwischen Joe Biden und dem Himmel sei Dank abgetretenen Donald Trump erleben konnten. Viel eher ist das noch im Printjournalismus machbar, denn die Anwesenheit einer Kamera verfälscht die Authentizität und lädt zum Phrasendreschen ein.

Der ZiB2-Anchorman Armin Wolf ist der einzige im österreichischen Fernsehen, dem das Aus-der-Reserve-Locken mit unterkühlter Souveränität und der Waffe akribischer Vorbereitung gelingt. Wolf ist der Staatsmeister im verbalen Kinnhakengewerbe. Seine Verhöre am Studiotisch der ZiB2 rangieren bei Politikern nahe am dem Angstgrad eines Zahnarztbesuchs. Im Sommer 2018 schaffte er es tatsächlich, dem zweitmächtigsten Mann der Welt eine Schweigepause zu entlocken. Als Wolf Wladimir Putin im Kreml gegen Ende seines TV-Interviews die Frage stellte, welche Botschaft hinter den vielen Bildern, die Putin mit nacktem Oberkörper zeigen, stehen soll, antwortete dieser nach mehrfachem Durchatmen nur: »Zum Glück nicht ganz nackt…« In dieser Pause konnte man in Putins Augen sowohl Perplexität als auch den Satz »Blas dich nur auf, aber vergiss eines nicht: Die Macht ist mit mir« schwirren sehen.

Es gibt sie ganz selten, solche Momente der Wahrheit bei jenen Menschen, die rhetorisch darauf trainiert sind, Vorwürfe als haltlos zu entkräften, keinerlei Risse in der Fassade zu zeigen und einen situationselastischen Umgang mit der Wahrheit zu pflegen. Tatsächlich wirken die meisten Politiker bei den zahllosen Elefantenrunden und Wahlkampf-Interviews so, als hätten sie ein Heer von Spin-Heinzelmännchen in ihren Sprachzentren sitzen, die ihnen Kommandoparolen wie »ehrliche Lösungen«, »zu den Menschen da draußen gehen«, »Heimat bewahren«, »gute, konstruktive Zusammenarbeit« oder »stattliche Erfolgsbilanz« einhämmern.

In Printmedien kann man sich mit anderen Methoden an die Wahrheit oder die Quintessenz eines Menschen heranarbeiten. Ich habe es immer geliebt, Interviews zu machen und mit herrlichen Sparringpartnern wie Vivienne Westwood, Claus Peymann, der Toiletten-Dame des Burgtheaters, Niki Lauda oder dem Oberrabbiner Paul Chaim Eisenberg den Rock'n'Roll eines Gesprächs zu tanzen, das sich im besten Fall wie ein kleines Dramolett liest.

Der Schriftsteller Alberto Moravia sagte einmal: »Ein Interview ist die beste Möglichkeit, um Lügen über sich selbst zu verbreiten.« Da bin ich gar nicht seiner Meinung. Grundsätzlich gibt es zwei Arten, die Sache anzulegen: die Boxkämpfe einerseits, und andererseits die Offenlegungsversuche, die – verzeihen Sie mir den klischeegeladenen Kitsch – die Zielsetzung tragen, »den Menschen hinter der Maske« zu zeigen.

Wenn der deutsche Star-Interviewer Sven Michaelsen anmerkt, dass er sich beim Spiel vom Fragen als »Trampolin für die Ich-Akrobaten, das sie für ihre Luftsprünge brauchen«, empfindet, gilt das meinen Erfahrungen nach nur für die Aufwärmphase. Dann sollte der Ich-Akrobat auf dem Trampolin zumindest einmal gestrauchelt sein, weil ihn eine Frage aus dem Tritt gebracht hat. Alle vertrauensfestigenden Maßnahmen, die man gleich danach zum Einsatz bringen sollte, sind die Basis für den wirklich interessanten Teil des Gesprächs. Erst bei der zweiten Tranche eines insgesamt vierstündigen Gesprächs im Hotel Imperial erzählte Niki Lauda, der tausendfach Interviewte, wie er sich geschämt habe, seinem Lebensretter am Nürburgring erst Jahre später gedankt zu haben. Und dass er im Kino manchmal weine.

»Ich hasse diese Fummel-Opas«, erklärte mir Udo Jürgens am Ende einer unserer Begegnungen, und dann entkam uns beiden gleichzeitig eine Lachsalve, denn schließlich existierten unzählige Udo-Jürgens-Witze, die seinen Hang zu sehr jungen Frauen zum Thema hatten. Selbstironie ist bei Interviews die wertvollste Währung, denn sie ist ein unglaublicher Sympathieträger – und zwar auf beiden Seiten.

Gibt es Regeln für junge Menschen, die das Handwerk erlernen wollen? Durchaus. Stelle Peter Handke nicht eine Frage nach der Ich-Transzendenz in seinem Spätwerk, sondern darüber, ob er an Depressionen leide. Oder warum er seit 50 Jahren nicht die Frisur gewechselt habe und noch immer einen auf progressiven Mittelschullehrer mache. Sei bloß nie so eitel wie dein Gegenüber. Versuche nicht, klüger oder witziger zu sein als deine Interviewpartner. Wärme ihn oder sie mit Smalltalk auf. Gib etwas von dir selbst preis, das dich schwach zeigt. Und bewaffne dich bis an die Zähne mit Wissen und Material. Sei selbst bei den dreistesten Fragen so charmant und höflich wie möglich. Verhandle Passagen, die mit »Das schreiben Sie aber bitte nicht« beginnen, in der Autorisierung noch einmal nach.

Unser (bei »profil«) verpflichtendes Service der Autorisierung, also dem Vorlegen des Manuskripts beim Interviewpartner, ist eine Form freiwilliger Bondage, aber natürlich hochanständig. Schließlich arbeitet man nicht bei irgendeinem Revolverblatt, sondern in der Bastion journalistischen Anstands.

Was Menschen dann am Ende des Tages korrigiert haben wollen, erzählt auch einiges über sie. Hildegard Knef sagte mir in einem Interview: »Kindchen, ich hatte den schönsten Körper Europas.« Nach der Lektüre der von mir vorgelegten Fassung rief sie mich spätnachts etwas aufgeregt an und sagte: »Kindchen, Korrektur! Schreiben Sie: ›Ich hatte einen der schönsten Körper Europas.‹ Sonst glauben doch die Leute, dass Tante Hilde vollends durchgedreht ist.«

Geistige An- und Erregungen
Der Job, den wir Gesellschafts- und Kulturjournalisten haben, ist eigentlich luxuriös: Wir dürfen das Chaos dieser Gesellschaft in eine – hoffentlich – sinnliche Ordnung gießen und geistig an- und erregen.

Ein Magazin oder eine Zeitung sollte für den Leser wie eine gute Wohnung funktionieren: Er geht hinein oder schlägt es auf, weiß in etwa, wo sich alles befindet, entdeckt in manchen Winkeln Dinge, mit denen er gar nicht gerechnet hat, findet seine schreibenden Vertrauenspersonen oder auch seine Kolumnisten-Lieblingsfeinde. Nährt sich in jedem Fall am Gedanken-Catering. Und fühlt sich prinzipiell gut aufgehoben und geborgen. Weil er den Menschen, die für das Ganze verantwortlich sind, vertraut. Weil sie sich als verlässlich erwiesen haben. Ab und zu möchte er das Magazin oder die Zeitung am liebsten ins Eck fetzen, ärgert sich oder ist enttäuscht. Aber solche emotionalen Ausreißer müssen in jeder Beziehung drinnen sein, oder?

Ist meine Generation von Journalisten möglicherweise die letzte unserer Art? Werden wir bald alle mit Tränen der Nostalgie in den Augenwinkeln vor Filmen wie »Die Verlegerin« sitzen, in dem Meryl Streep die Herausgeberin der »Washington Post«

spielt, und mit Sehnsucht an jene Zeiten denken, als Zeitungen tatsächlich die vierte Gewalt im Staat repräsentierten und nach einem Scoop die Republik ins Wanken geriet? Meistens steht irgendwann in solchen Filmen, die den Glauben an die vierte Gewalt zum Thema haben, eine junge, etwas nerdige Reporterin im Großraumbüro auf und deklamiert voller Sturm und Drang: »Denn die Presse dient nicht den Regierenden, sondern den Regierten.«

Mir wird immer ein bisschen mulmig in der Magengegend, wenn ich nach jeder Online-Lektüre eines Artikels in einer meiner Lieblingszeitungen, dem britischen »Guardian«, ein Bittgesuch folgenden Inhalts aufpoppen sehe: »Bitte unterstützen Sie den ›Guardian‹. Ihr Beitrag, egal ob groß oder klein, ist wertvoll, um unsere Zukunft zu gewährleisten.« Bei jeder Überweisung, die man dann pflichtschuldig tätigt, schleicht sich das beklemmende Gefühl ein, mit dieser Aktion bedürftigen UK-Journalisten Almosen zukommen zu lassen. Dann sehe ich vor meinem inneren Auge das Bild eines schüttermähnigen »Guardian«-Kommentators mit äußerst reparaturbedürftigem Lächeln in einem exzellent gearbeiteten, aber doch sehr abgetragenen Tweed-Sakko. Dieser Typ, den seine Frau natürlich längst zugunsten eines öligen PR-Heinis verlassen hat, sitzt auf den Stufen vor dem Marmorportal eines Hardcore-Boulevardblatts in der Londoner Fleet Street und streckt den entnervt vorbeieilenden Passanten seinen schlappen Hut entgegen. Ein schauriges Szenario. »Qualitätsjournalismus darf kein Charity-Projekt sein«, schrieb die »New York Times« im vergangenen Jänner, als Google und Facebook angekündigt hatten, innerhalb der kommenden drei Jahre 300 Millionen Dollar zu investieren, um einer Branche, als deren Totengräber sie durch den Abzug enormer

Werbebudgets wirkten, wieder auf die Sprünge zu helfen. Ein gewisser Zynismus schimmert da natürlich in bewährter Zuckerberg-Tradition durch.

Journalisten ins Völkerkundemuseum

Das Banner Qualitätsjournalismus hat bisweilen auch paradoxe Auswirkungen auf diejenigen, die unter ihm segeln: Einerseits sind wir von einer Hybris und Wir-sind-wir-Arroganz geprägt, andererseits leiden wir aber auch unter schwindendem Selbstwertgefühl. Denn die bange Frage, ob in Zeitungs- und Magazinredaktionen in Zukunft nur noch blasse Nerds Agenturmeldungen in vorgefertigte Layouts hängen, schwebt immer im Raum. Möglicherweise sind wir ja tatsächlich die letzte Generation dieser »Old School«-Journalisten und gehören demnächst ins Völkerkundemuseum. Möglicherweise ist tatsächlich das wertlos geworden, woran ich die letzten 35 Jahre in diesem Beruf geglaubt habe: die Fähigkeit, Geschichten aufzuspüren und sie auch erzählen zu können, dabei eine Wort-Libido zu entwickeln, die über die blasse Konfektionssprache hinausgeht, und Menschen offenzulegen, ohne sie dabei bloßzustellen. Aber Resignation ist Schwäche.

Denn sollten Zweifel an der Funktionstüchtigkeit von Qualitätsjournalismus aufkommen, kann man diese Zweifel zumindest temporär bekämpfen, indem man sich folgendes simple Szenario vorstellt: Hätten sich »Bild« und die »HeuteÖsterreichKrone«-Fraktion die Causa Ibiza (jenes Video, das letztendlich die österreichische Regierung in die Luft sprengte) untereinander aufgeteilt (und nicht »Spiegel« und »Süddeutsche«), wäre die türkis-blaue Koalition mit hoher Wahrscheinlichkeit nicht in tausend Stücke zerfetzt worden. Und die Leserschaft wäre wohl eher mit Spekulationsfragen in der Art: »Wird Filippa (Anm. die Gattin des damaligen Vizekanzlers Strache) ihm verzeihen?«, »Wem gehört die Finca des Grauens?« oder »Was ist das dunkle Geheimnis der Oligarchen-Nichte?« in voyeuristischem Atem gehalten worden.

Manchmal hätte man gute Lust, jenen, die sich über Steigerungen des Printmedien-Verkaufspreises echauffieren, die sie bei jeder Tankstellen-Wurstsemmel kommentarlos in Kauf nehmen würden, ein Entstehungsprotokoll von Geschichten aufzudrängen. Jedem Artikel sollte eine Liste der Gesprächspartner, ein Protokoll sämtlicher Arbeitsschritte, Autorisierungskonflikte und der konsumierten Sekundärliteratur vorangestellt werden, damit nachvollziehbar wird, welches kulturelle Kapital mobilisiert werden muss, um zu diesem Resultat zu kommen. Damit wirklich alle begreifen, dass »das kein Hobby, sondern ein Beruf ist« (© die Schauspielerin Maria Happel). »Dass Waren gratis sind«, so die »New York Times«, »ist ja auch tatsächlich das schlechteste aller Geschäftsmodelle.«

Schließlich würde sich jeder Installateur darüber empören, wenn er nach der Lockerung einer Abfluss-Verstopfung einen warmen Händedruck und einen Obstkorb bekäme. Unser Job ist es, Licht ins Dunkle zu bringen und gedankliche Verstopfungen zu lockern. Das ist kein Luxus, sondern ein Überlebensmittel. Das muss ordentlich was kosten. Und das muss dieser Gesellschaft etwas wert sein.

Der Aufenthalt in der Isolation von Coronistan hat unserem Gewerbe tatsächlich so etwas wie Vitaminstöße verpasst. Denn plötzlich kapierten wir alle zwangsweise, dass die Freiheit vor allem im Denken und nicht in der Bewegung liegt. Im Shutdown des Homeoffice wurde Journalismus zuallererst zu einem

Navigationsgerät durch die neue Normalität. Fundierter Journalismus erwies sich als echte Komfortzone in einer Phase, in der sich jeder zum Hobby-Virologen berufen fühlte und mit den wüstesten Theorien in felsenfester Überzeugung nur so um sich warf. Auf die Frage »Woher weißt du (wissen Sie) das?«, kam häufig die schöne Antwort: »Des hab' i wo g'lesen.« Und zwar auch von bildungsnahen Schichten.

»Warum sachlich, wenn es doch auch persönlich geht?«, hatte der Publizist und Feuilletonist Anton Kuh seinem Lieblingsfeind Karl Kraus einst zugekläfft, als ob er das Diskussionsklima unserer neuen Normalität vorweggenommen hätte. Am besten ist es doch, wenn man ganz persönlich sachlich bleibt. Vielleicht ist das ja auch schon die Quintessenz von richtig gutem, aber auch unterhaltsamen Journalismus, diese ganz persönliche Sachlichkeit.

Energiewolken
aus dem Zuschauerraum

»Lebenslängliche Theaterkerkerhaft
ohne die geringste Begnadigungsmöglichkeit.«
THOMAS BERNHARD, »Der Theatermacher«

Als ich noch Theaterkritiken schrieb, musste ich eines Abends den Fortpflanz mangels eines Babysitters miteinpacken und wir düsten von unserem Ferienzuhause Altaussee nach Salzburg. Dem Himmel sei Dank handelte es sich um eine Off-off-Produktion der Festspiele im Stadtkino, also kein Aufkommen von geldblonden Hochsteckfrisuren und Mehrfachkarätern an sonnengegerbten Hälsen, sondern eher an Wollmützchen auf Knabenhäuptern (ungeachtet der Sommertemperaturen) und allen erdenklichen Variationen der Farbe Schwarz an beiden Geschlechtern.

Man erlaubte mir damals, das sechsjährige Kind ohne Zusatzkarte auf den Schoß zu nehmen und wir tauchten ab in Ibsens »Frau vom Meer« und einen Kosmos aus Lügen, loderndem Hass und Aussichtslosigkeit, von jungen lettischen Extremdarstellern unter Begleitung von Aerosol-Fanfaren (damals dachte man sich noch nichts dabei) umgesetzt. Das Kind war keine Sekunde gelangweilt, der geballte Irrsinn schien es durchaus zu amüsieren, ohne dass es verstand, worum es eigentlich genau ging. Auf der Heimfahrt murmelte das schlaftrunkene Fortpflänzchen im Auto: »Mama, versprich mir, dass wir auch einmal so verrückt werden wie die Leute auf der Bühne.«

Ich flüsterte in Richtung Fond: »Doppeltes Indianerinnenehrenwort.«

131

Später habe ich übrigens damit aufgehört, Kritiken zu schreiben. Zu oft hatte ich bei befreundeten Schauspielern mitansehen müssen, in welche Zustände sie die Beurteilungen am Tag nach der Premiere versetzten. »K. liegt seit Stunden kotzend unter der Dusche«, erzählte mir die Frau eines Schauspielers, dem der Kritiker keine Erwähnung in Form eines Halbsatzes gegönnt hatte. Die Kritiker haben keine Ahnung, welche Verwundungen sie mit keinen Halbsätzen oder harten Vollsätzen anrichten können. Diese Art von Karma wollte ich mir nicht aufladen. Dafür liebte ich das Theater und seine Bewohner einfach zu sehr.

Normalzustand: Sonderbar

Meine Mutter ist schuld. Sie hatte mich seit meiner Teilalphabetisierung in jedes erdenkliche Theaterstück geschleppt, die Kinderstücke ließen wir sehr bald hinter uns: Ich kugelte auf Autofriedhöfen herum, wo harte Volksstücke aufgeführt wurden, ich sah in Off-Häusern Hamlet auf einem Klettergerüst turnen, ich konnte bei Sternstunden wie dem Duo Klaus Maria Brandauer und Gertraud Jesserer in »Kabale und Liebe« im Akademietheater der 1970er-Jahre dabei sein. Ich sah immens viele Menschen in weißen Leinenanzügen, weißen Spitzenkleiden und Panamahüten in Pappbirkenwäldchen in Tschechow- oder Schnitzler-Stücken die Ödnis des Lebens beklagen. Danke, Mama, auch dafür.

Und wenn irgendeiner meint, dass Dramatiker wie Tschechow nichts, aber auch rein gar nichts mit unserer heutigen Realität zu tun haben, dann kann man diesem Ignoranten nur die Stück-Ausgaben von »Onkel Wanja«, »Kirschgarten« »Drei Schwestern« oder »Die Möwe« auf den Tisch knallen. Der Typenreigen des Herrn Tschechow ist auch fast 120 Jahre später von glasklarer Modernität: Da zittern Gattinnen in der Panik der Vergänglichkeit, die eigentlich einen Lebensstandard geheiratet haben und den klapprigen Ehemann dazu wohl oder übel in Kauf nehmen müssen. Auf der falschen Seite ihrer besten Jahre brauchen sie dann aber doch dringend die Bestätigung ihres erotischen Verkehrswerts. Da hängen grundgütige Mauerblümchen im Eck, deren inneren Werten es niemand so recht besorgen will und die auf dem Heiratsmarkt nicht einmal Trostpreis-Faktor besitzen. Da tummeln sich Seelenwracks, denen der Alkohol und all die versäumten Gelegenheiten alle Lebensenergie weggefressen haben. Und Öko-Schrullen, deren obsessive Beschäftigung mit Wald und Klima nur dazu dient, um sie von ihrem eigenen Elend abzulenken. Da poltern Narzissten, deren Erfindungskraft immer neue Krankheiten hervorzaubert, um die besorgte Aufmerksamkeit des Umfelds ja nicht zu verlieren. Irgendwann sagt der Burn-out-Arzt Astrow in »Onkel Wanja«: »Früher habe ich jeden Sonderling für krank und unnormal gehalten. Heute bin ich der Überzeugung, dass es der Normalzustand ist, sonderbar zu sein.«

Das war 1896. Und Tschechow kannte uns alle noch gar nicht.

Nicht oft war mir im Theater auch richtig langweilig, meist bei den fetten Klassikern – Schiller, Lessing, Kleist. Manchmal sogar so sehr, dass mir aus Fadesse die Tränen die Wangen herunterliefen, aber dennoch lernte ich im Theater (und manchmal auch bei Konzerten in kleinen Sälen) eine Intimität kennen, die man nirgendwo anders in der Kunst erleben kann. Schutzzone, Notausgang aus der Realität, Wegdriften in ein anderes Universum.

Auch das Kind war seit unserem Ausflug ins Off-Salzburg für das Theater angefixt. Als ich es Monate nach unserer

Ibsen-Exkursion fragte, ob wir uns irgendeinen schwachsinnigen Disney-Film im Kino anschauen wollen, sagte es: »Warum sollen wir zum Fernsehen außer Haus gehen? Lass uns doch lieber ins Theater gehen.«

An diesen Satz musste ich denken, nach diesen Monaten im Jahr 2020, in denen die Kulturwelt auf Pausetaste gedrückt war und man an regelrechten Theater-Phantomschmerzen zu leiden begann. Theater ist ja die analoge Kunstform schlechthin und erscheint manchen auch deswegen so sinnlos.

Es ist eine der schönsten analogen Sinnlosigkeiten. Verschwenderisch, anachronistisch, leidenschaftlich, ein Sammelbecken für gnadenlose Exzentriker, Narzissten, Besessene, pathologisch Eitle, Verunsicherte, unrettbare Kinder.

Vor ein paar tausend Jahren unterschied sich der Genuss von Theater nicht wesentlich von heute. Damals hat sich in Epidauros irgendeine Xenia extra schnittige Sandalen angeschnallt und nachmittags die Locken mit getrockneten Schweineschwänzchen eingerollt, um sich abends in der Arena den letzten Schwank von Aristophanes reinzuziehen.

Die Energiewolken, die in Wechselwirkung mit dem Zuschauerraum entstehen und auf die Bühne wehen, kann kein digitales Schauvergnügen auch nur annähernd herstellen. Man wusste es ohnehin, aber so richtig schmerzhaft bewusst wurde es uns allen erst in diesen Phasen totaler kultureller Unterzuckerung, durch die wir weit über 2020 hinaus mussten.

Es war knapp vor dem zweiten Lockdown Ende Oktober 2020, als ich mit entsprechender Wehmut die Premiere des unbekannten Volksstücks »Automatenbüffet« von Anna Gmeyner im Wiener Akademietheater besuchte. Diese Lockdown-Reminiszenzen klingen inzwischen in der Betrachtung aus der Distanz wie

Geschichten von Kriegsveteranen. Die Spiellibido des Ensembles, angeführt von Maria Happel und Michael Maertens, setzte den ganzen Saal unter Strom. Man fühlte sich tatsächlich wie in einem Schutzraum, der den Rest der Welt völlig auszublenden imstande war.

Ich dachte mir: Was für ein anachronistischer Luxus! Erwachsene Menschen stellen sich auf Bretter und simulieren erfundenes Leben. Vor einer überschaubaren Schar Leutchen. Ohne Weltvertriebsrechte und Merchandising-Stände. Der Staat und die Gesellschaft haben sich darauf geeinigt, sich diesen Luxus zwecks geistiger Animation der Bürger zu leisten. Und Österreich liebt seine Schauspieler wie kein zweites Land. Nirgendwo werden Schauspieler so innig verehrt wie in Wien.

Die Bestellung eines Burgtheaterdirektors ist hierzulande noch immer eine Staatsaffäre, an der sich die Gemüter erhitzen. Bei Premieren in der Burg und der Josefstadt herrscht manchmal eine so angespannte Stimmung wie sonst nur bei Ländermatches im Fußballstadion.

Die DNA der Publikumslieblinge

Die Burg- und Josefstadt-Schauspieler sind im Volksmund von ihren Vornamen befreit und Lieblinge der Gesamtbevölkerung. Jeder Taxler, jede Wurstverkäuferin, jeder Vorstadt-Strizzi kennt und liebt sie, als ob sie Verwandte wären, die man eigentlich viel zu selten zu Gesicht bekommt. Oft kennen die ihre Stars gar nicht von Theaterbesuchen, sondern aus den »Seitenblicken« oder aus TV-Serien.

Paradoxerweise adorieren also auch jene den Brandauer (Klaus Maria), die Peters (Caroline), die Happel (Maria), den Föttinger (Herbert), den Hochmair (Philipp) oder den Maertens (Michael), die kaum oder nie einen Fuß über die Schwelle eines Theaters setzen. Wenn man als Darstellungskünstler in die Liga der Vornamenlosen erhoben wurde, hat man es zum Publikumsliebling geschafft. Michael Niavarani, der sich inzwischen ein nicht subventioniertes Theaterimperium erschaffen hat, wollte stets ein solcher werden: »Mein Vorbild war immer der Maxi Böhm, der auf die Bühne gekommen ist, und die Menschen haben zu lachen begonnen, ohne dass er auch nur einen Satz gesagt hat.«

Burg-Star Michael Maertens bekennt, dass das Erlangen des Adelsprädikats Publikumsliebling von harten Bemühungen seinerseits gezeichnet war: »Meine Skepsis gegenüber der hierzulande so gerühmten Schauspielerliebe ist dennoch groß. Das kann auch ganz schnell wieder kippen. Bedingungslose Liebe bekommst du hier nicht, schon gar nicht als Piefke. Das spornt einen natürlich auch an. Ich habe die Wiener durch mein regelmäßiges und hartnäckiges Erscheinen nachgerade gezwungen, mich zu mögen.«

Maria Happel, die komödiantische Supermacht des Burgtheaters, findet, dass man sich irgendwann entscheiden müsse, welches Genre man anstrebe: »Es ist ja nicht so, dass man morgens aufwacht und sich sagt: ›So! Ich werde jetzt ein Publikumsliebling!‹« Paulus Manker (der Regisseur ihres Burg-Debüts »Liliom«) sei an ihr verzweifelt, weil er meinte, sie könne entweder ein Star oder ein Publikumsliebling werden. Das wollte die Happel nicht: »Stars haben etwas Unnahbares, die rauschen nach der Vorstellung im Taxi gleich ab. Ich war nie so. Ich wollte lieber Liebling sein.«

Als Publikumsliebling wird man allerdings, wie sonst nur Skifahrer oder Fußballer, auch zum Nationaleigentum. Es bedarf natürlich auch einiger Gewöhnung, ständig Zielscheibe von Selfie-Attacken zu sein und mit Zuwendungs-Zurufen wie »Hearst, Lustiger, du bist ja viel klaner als im Fernsehen« (Michael Niavarani) zu leben.

»So ist das mit dem Ruhm«, »sagt der Niavarani, »dein ganzes Leben arbeitest du daran, berühmt zu werden, und wenn es soweit ist, kann es ziemlich anstrengend werden.«

Dass der klassische Publikumsliebling von jenen Kollegen, die es nicht in diese Liga geschafft haben, mit der Verachtung der Neiderfüllten gestraft wird, ist klar. Der deutsche Entertainer Harald Schmidt, der sich selbst als »gescheiterten Schauspieler« bezeichnet, bemerkte einmal süffisant: »Unter den Publikumslieblingen oder Knattermimen, die die Zentralsäulen des Burgtheaters sind, leiden die Knallchargen mit ihren Ansprüchen auf vielschichtige Charaktere natürlich immer.«

Erklärungen für diese nahezu äffische Hingabe, mit der in Österreich generell und in Wien im Besonderen der darstellenden Kunst gehuldigt wird, gibt es viele: die Prägung durch den Katholizismus mit seinem Faible für Theatralik, das Fehlen einer florierenden Filmindustrie, die Bühnenlieblinge als Substitute für die 1918 abgeschaffte Aristokratie. Die zutiefst barocke Seele der Wiener liebt den Pomp und die Verstellung. Was man im versinkenden Katholizismus nicht mehr praktizieren kann, erfährt auf der Bühne ein zeitgemäßes Revival: Alles ist Theater und auch das Leben eine Dauerinszenierung. »Wir spielen alle«, schrieb der Dramatiker Arthur Schnitzler: »Und wer es weiß, ist klug.«

Unter dem digitalen Glassturz

Tatsächlich hat uns fast ein Jahr unter Pandemie-Verschluss auch die Grenzen des digitalisierten Wahrnehmens und Erlebens vor Augen geführt. Wie ermüdend ist es doch inzwischen, einem noch so geliebten und verehrten Schauspieler dabei zuzusehen, wie er vor seiner Bücherwand ein Morgenstern-Gedichtchen zum Besten zu geben versucht. Wie lähmend ist es inzwischen, Opern- und Theaterpremieren vor leeren Zuschauerreihen zu streamen. Wie grenzenlos langweilig, im Wohnzimmer im Lehnstuhl bei Online-Konzerten mitzuwippen. Und wie träge die Diskursenergie bei Zoom-Konferenzen, wo verzerrte Stimmen, eingefrorene Bilder und zeitversetzter Audiotransfer die Gedanken-Artikulation hemmen.

Nach Monaten auf Pausetaste im Kulturbetrieb und zwangsverordnetem seelischem Distancing, nach endlosen Nächten mit Netflix-Konsum im Binge-Modus, nach so langer Zeit unter dem Glassturz der Isolation sind wir auch an die Grenzen des digitalisierten Erlebens gestoßen. Es fühlte sich ein wenig an wie in Peter Weirs TV-Satire »The Truman Show«, wo Truman (Jim Carrey), der nicht ahnt, dass er in einer Realityshow lebt und nur in diesem Kontext existiert, fliehen möchte, aber an Glaswänden abprallt. Oder, noch beklemmender, in der Marlene-Haushofer-Verfilmung »Die Wand«, wo die Protagonistin (Martina Gedeck) langsam begreifen lernt, dass sie eingesperrt ist und es kein Weiterkommen gibt. Die Energie, die zwischen Menschen entsteht, egal, ob es sich um einen Konferenzraum, einen Theatersaal, eine Konzert-Arena oder das pulsierende Ambiente eines Kaffeehauses handelt, ist nicht ins Digitale transferierbar.

Die Sehnsucht nach der direkten Interaktion wuchs 2020 in uns allen. Der globale Kollaps hat uns gezeigt, dass sich die Intimität und Spontanität eines Bühnenabends auf keinen noch so großen Super-Hightech-Bildschirm übertragen lassen. In seinen Memoiren »Das Wunder des Überlebens« beschreibt der Schriftsteller und Theatermacher Ernst Lothar das Glücksgefühl, das ihn bei Theaterbesuchen regelmäßig erfasste: »Eine jähe Vergessenheit des Wirklichen kam über mich (...) und eine willige Bereitschaft, dem Wirklichen zu entlaufen.«

Theater ist Eskapismus auf (meist) hohem Niveau. Direkt, oft spontan und unwiederholbar, denn jede Vorstellung ist einzigartig. »Es sind die möglichen Irritationen, die das Spielen so richtig geil machen, das sind die wirklich kostbaren Momente«, erzählt Philipp Hochmair, der bei seinen elektrifizierenden One-Man-Shows wie »Jedermann Reloaded« oder »Werther!« von Stromausfällen bis Ohnmachtsanfällen im Publikum einiges miterleben durfte. Einmal schnitt er sich im Spielrausch auf der Bühne mit einem Messer, »dass ich blutete wie Sau, und eine Frau kam auf die Bühne, um mich zu verbinden«.

Möglicherweise bin ich naiv, aber ich möchte Claus Peymann nicht recht geben, der am Ende eines »profil«-Doppelinterviews mit dem ihm in seiner Leidenschaft um nichts nachstehenden Josefstadt-Direktor Herbert Föttinger ungewohnt melancholisch, fast kampfesmüde feststellte: »Vielleicht sind wir ja tatsächlich eine aussterbende Gattung und das Theater schläft den Dornröschenschlaf. Vielleicht entsteht gerade eine neue digitale Kunstform und wir analog Sozialisierten kriegen es nicht mehr mit.«

Dennoch, beendete der 82-jährige Regie-Saurier, der damals nach einer schweren Krankheit dem Tod nur knapp entronnen war, im Herbst 2020 unser Gespräch, freue er sich sehr, dass er jetzt auf eine analoge Abendprobe für seinen Thomas Bernhard gehen könne.

»Wir sind nicht nett«

Abgesehen von der schönen Notwendigkeit ihrer Kunst sind die Theaterbewohner ein eigenartiger, anstrengender, aber hochgradig amüsanter Menschenschlag, der unter keinen Umständen dem Aussterben preisgegeben werden darf. Ich erlebe jetzt seit fast einem Jahrzehnt als Festivalleiterin des »Schwimmenden Salons« die Gaukler-Mischpoche (nicht abwertend, sondern liebevoll gemeint) an der Front. Das kann sehr beglückend, auch kräftefressend sein, garantiert eine kostenfreie psychotherapeutische Ausbildung und wirft in jedem Fall jede Menge Anekdoten ab.

Als ich Claus Peymann nach ungefähr 14 Mails und 28 Telefonaten mit seiner Assistentin endlich dazu überreden konnte, bei uns im Thermalbad aus Thomas Bernhards »Holzfällen« zu lesen, sollte ich aus größtmöglicher Nähe erleben, was Kunstbesessenheit bedeuten kann. Die über hundertjährigen Platanen des Vöslauer Bads haben schon viel gesehen. Doch die Tonprobe, die der gnadenlose Theatermacher vor seinem Auftritt bei unserem Festival hinlegte, brachte deren Äste dann doch zum Zittern.

Folgender Dialog spielte sich zwischen uns ab. Ich rekonstruiere ihn deswegen (und langweile Sie hoffentlich nicht damit), weil er einer der schrägsten Momente während meiner gesamten Schwimmender-Salon-Karriere war. Peymann war um zehn Uhr vormittags bei 35 Grad in schwarzen Bermudas, schwarzen Zwirnkniestrümpfen und eleganten Schürschuhen erschienen, um das Ambiente zu inspizieren. Unser Flehen, den Soundcheck auf den Nachmittag zu verlegen, da die Techniker üblicherweise so lange brauchten, um den Aufbau hinzukriegen, war durch seine Assistentin abgeschmettert worden: Es sei »spielentscheidend«, dass »der Peymann«, wie sie ihren Chef bezeichnete, um Punkt zehn betreut werden könne. Alles andere sei nicht zu diskutieren.

Nach seinem auch noch verfrühten Eintreffen schüttelte er nur den Kopf:

»Nee, nee, hören Sie … könnte man die Bühne vielleicht doch 30 Zentimeter nach links setzen?«

»Schwierig, sie ist fix im Wasser verankert. Die Techniker arbeiten seit sechs Uhr morgens …«

»Der Teppich da drauf muss in jedem Fall weg. Böck, machen Sie doch bitte das alles hier weg. Ich sagte: alles!«

Böck, der resignative Assistent mit dem matten Augenaufschlag, fetzte den Teppichbelag in einer Geste des Aufbäumens von den Brettern.

Im Schwimmbecken standen Menschen, die das Spektakel »Claus Peymann bereitet sich auf seinen Auftritt vor« mit ihren Handys mitfilmten.

Ich hob an, um irgendetwas Beruhigendes für den immer aufgeregter werdenden Peymann von mir zu geben. Er hieß mich, mit einer entnervten Handbewegung, doch einfach einmal die Klappe zu halten:

»Jetzt mal ruhig hier. Ich muss schließlich ein Gefühl für den Raum kriegen. Wie sieht es mit dem Licht aus?«

Ich, voll der in Angst gebadete Streber:

»Die Sonne geht erst um 20 Uhr 58 unter.«

»Aha. Dagegen kann man wohl leider nichts machen. Aber dieses Wassergeplätscher hier, das gehört in jedem Fall abgedreht.«

»Herr Peymann, das ist die Ursprungsquelle. Die sprudelt seit 15.000 Jahren.«

»Das ist ja zum Wahnsinnigwerden … Na ja … Vielleicht werde ich nachher noch etwas über Bernhard erzählen.«

»Großartig. Bitte erzählen Sie doch die Geschichte, als Sie bei Thomas Bernhard in Ohlsdorf (Bernhard lebte teils in dem oberösterreichischen Dorf) auf der Luftmatratze am Gang schlafen mussten.«

»Also, wenn Sie mir jetzt ansagen, welche Geschichten ich zu erzählen habe, werde ich genau diese Geschichten nicht erzählen. Ich bin nämlich aufsässig.«

»OK, dann erzählen Sie die fade Luftmatratzen-Geschichte nicht.«

»Dann erzähle ich sie vielleicht doch, weil ich Mitleid mit Ihnen habe.«

»Ok, ich sehe, Sie sind nervös.«

»Quatsch! Ich bin nicht nervös! Nur angestrengt!«

Mir ging die Munition aus, ich gab auf.

Und dann sagte der große Theatermacher fast ein wenig versöhnlich: »Sie müssen eines wissen: Wir beim Theater, wir sind nicht nett. Nett sind vielleicht die von der Bank oder der Versicherungsanstalt, aber wir, wir sind nicht nett.«

Es wurde dann eine fulminante Premiere, bei der einigen (auch mir), die Peymanns Burgtheater-Tage noch in voller Pracht erlebt hatten, die Tränen in den Augen standen. Peymann tourt bis heute mit »Holzfällen«.

Bevor er damals auf die Thermalbad-Bühne ging, hatte er noch die gesamte Crew beschimpft, mir brüllte er ein »Sie mit Ihren kalten Augen, gehen Sie mir aus dem Weg« zu und beschwerte sich dann noch über den Altersschnitt des Publikums.

Ich, immer in wilder Verteidigungsbereitschaft unseres Publikums, schoss zurück: »Na ja, Herr Peymann, Sie sind halt auch nicht gerade Justin Bieber.«

Ich erwartete eine Explosion, doch er musste dann doch ein wenig lächeln.

Am Ende des Abends, den wir in der Heiterkeit der Erleichterung mit der damals amtierenden Burgtheater-Direktorin

Karin Bergmann in der »Kabane 21« am Rand des Quellbeckens verbrachten, sagte »der Peymann«: »Sie müssen verstehen, vor jeder Vorstellung stehen wir unter Dampf wie eine Lokomotive.«

Lampenfieber

Jeder geht mit diesem Druck des Lampenfiebers anders um. Gert Voss, einer der Größten des späten 20. Jahrhunderts im deutschsprachigen Raum, begann manchmal in seiner Garderobe bitterlich zu weinen, wenn die Hürden hoch lagen: Hürden in Gestalt des Othellos, des Shylocks oder von Richard III.

»Wenn mein Vater solche Riesenrollen zu bewältigen hatte«, erinnert sich seine Tochter Grischka Voss, »brauchte er wahrscheinlich diese emotionale Entladung, um die Anspannung loszuwerden. Er war ein extremer Schauspieler, bei ihm ging es bei jeder Premiere um Leben und Tod.«

Es gibt kaum einen Schauspieler, der es nicht kennt, jenes Gefühl, das zur Hölle werden kann, das aber auch die Basis für kreative Höhenflüge ist: Die Kraft des Lampenfiebers, so der poetische deutsche Ausdruck im Gegensatz zum bedrohlichen englischen »stage fright«, ist jene Form der Anspannung vor dem Auftritt, die für die Konzentration so enorm wichtig ist. »Wenn i ka Angst hab', geh' i wieder ham«, erklärte mir der Volksschauspieler und Wirt Hanno Pöschl bei seinem Burgtheater-Auftritt in Molnárs »Liliom« unter der Regie von Paulus Manker.

Die »berufsmäßigen Gefühlsmenschen«, so die Definition von Max Reinhardt in seinem berühmten Vortrag »Rede über den Schauspieler«, sind oft mit einem durchlässigen Nervenkostüm ausgestattet. Was natürlich hilfreich, wenn nicht sogar die Voraussetzung ist, um sich in die emotionale Befindlichkeit der jeweiligen Bühnenfigur hineindenken und -spüren zu können.

143

Aber diese Durchlässigkeit macht auch verletzlich. »Die Angst ist ein Spaltpilz, der ganze Karrieren zerstören kann«, legt die Doyenne des Burgtheaters Elisabeth Orth offen, die sich in einem Zustand der Verwundbarkeit gerne »den Garderobierinnen und Maskenbildnerinnen« anvertraut, »die unsere Befindlichkeiten regelrecht erspüren«. Sie selbst hat die Angst an ihrer Mutter, der Legende Paula Wessely, die von Kritikern »Elementarereignis« und »Botin höherer Mächte« genannt wurde, oft aus nächster Nähe miterlebt. Und daraus auch gelernt, was es unter allen Umständen zu vermeiden gilt: »Das waren ihre eisernen Regeln: keine Stimulanzien, keine Mut-Achterln vor der Premiere und keine Pillen auf einem Teller, die das Lampenfieber bekämpfen sollen.«

Wie hoch sich die Wessely selbst die Latte ihrer Darstellungskunst legte, erzählte mir ihr oftmaliger Bühnenpartner Michael Heltau: »Sie saß nach der Vorstellung manchmal in der Garderobe und klagte ›Immer zu wenig‹. Und wenn sie beim Proben etwas zu dick aufgetragen fand, lautete ihr Standardsatz: ›Komm, Michel, legen wir es noch in trockene Tücher.‹«

»Der Kopf muss frei sein von dem alltäglichen Zeug«, so die großartige Stefanie Reinsperger, die am »Berliner Ensemble« mit noch nicht einmal 30 Riesenrollen stemmte, »ich gehe immer Stunden vorher ins Theater, um den Text noch einmal durchzugehen und in einen Meditationszustand zu kommen.«

Wie gnadenlos der Beruf des Schauspielers sein kann, erzählte mir der Wien leider abhandengekommene Schauspiel- und Autorenstar Joachim Meyerhoff, der in seinem fünften Buch »Hamster im hinteren Stromgebiet« die Katastrophe seines Schlaganfalls auf durchaus erheiternde Weise verarbeitet: »Bei meinem ersten Theaterauftritt nach dem Schlaganfall war ich natürlich entsprechend wackelig. Aber wenn du einmal mit dem Flieger abgehoben hast, kannst du nun einmal nicht sagen: ›Ich will jetzt doch lieber wieder runter.‹«

Die Garderoben werden für viele in den Momenten der Anspannung vor dem Abflug zu einem Schutzraum. Im Burgtheater gibt es sogenannte »Chef-Garderoben« für die jeweiligen Protagonisten, so die erste Direktorin des Hauses, Karin Bergmann, »die wurden dann wie Altarräume mit Fotos und Glücksbringern bestückt. Künstler wie Gert Voss, Ignaz Kirchner oder Kirsten Dene legten ihre Utensilien in Reih und Glied, nahezu wie Operationsbesteck, auf.«

Am Ende des Tages »musst du dich vorbereiten wie ein Zirkusartist, der aufs Seil muss, und immer ganz bei dir sein«, erzählte einmal der Doyen des Burgtheaters Michael Heltau von seinen vergangenen Vorbereitungsritualen und legte sich damals auf Bitte des Fotografen und der Anschaulichkeit halber noch einmal auf das Sofa einer Garderobe, »denn eines ist sicher: Da oben ist immer Zahltag«. Und wenn mit magischer Währung bezahlt wird, dann erlebt man als Schauspieler jenen Zustand, den Michael Heltau mit einem Max-Reinhardt-Zitat so beschreibt: »Ich liebe die Wirklichkeit und möchte in ihr bleiben. Nur eine Handbreit möchte ich über dem Boden schweben.«

Doch der Weg in den Schwebezustand ist alles andere als ein Waldspaziergang. Oft stellt er sich auch erst nach vielen Vorstellungen ein, wie der langjährige Mittelstürmer des Burgtheaters Nicholas Ofczarek es mir in einem »profil«-Interview beschrieb. Im Part des Prater-Strizzis Liliom hat er sich ganz plötzlich eingestellt, dieser Schwebezustand. Der Ofczarek wusste nicht, warum es gerade dann passierte und auch nicht wie. Aber auf einmal begann er zu surfen, es flirrte, »ein Spielzug griff in den anderen, bislang unsichtbare Energien wurden freigesetzt«, und am Ende der Vorstellung stand er verwundert da und fragte sich: »Wie ist das jetzt aus mir, aus uns herausgekommen?«

Das habe dann echten Suchtcharakter. Und wie bei jeder Sucht renne man diesem einzigartigen Gefühl, diesem Schwebezustand dann »wie ein Trottel« hinterher, wisse aber auch, dass »das Scheitern daran unausweichlich ist«. Aber auch das Scheitern kann ja durchaus poetische Qualitäten entfalten.

Vielleicht kapieren inzwischen auch die digital Verpeilten und Netflix-Junkies endlich, dass ein Theaterbesuch einer geistigen Bewässerungsanlage gleichkommt. Und die Wassersprenger sind die Schauspieler.

Man muss nur noch hingehen.

Kuschelhormone in Kalorienform

>»Seit Eva den Apfel aß, hängt
>viel vom Abendessen ab.«
>
>LORD BYRON

Schon lange vor Ikea war ich bereits von Herzen Schwedin. Denn Bullerbü und Lönneberga, Sehnsuchtsplätze im Astrid-Lindgren-Universum, in dem ich als Kind mit manischer Konsequenz zu Gast sein wollte, waren Orte, in denen Mütter die Würste selbst machten, kleine Schwestern schon ab und zu an der Fahnenstange hochgezogen wurden und vor hohen Feiertagen kulinarisches Vorbereitungsfieber herrschte.

Da wurde im Kollektiv gepökelt, mariniert, gebacken, geschmort, es wurden Grützen angerührt und Rentierkeulen geräuchert, was das Zeug hielt. Nur der immer wieder erwähnte Blutwurst-Pudding war mir nicht ganz geheuer. Und dann saßen alle Michels, Alfreds, Idas, Lasses, Mamas und Papas um einen Riesentisch und futterten fröhlich über Stunden bis zur Sofareife. Nicht nur wegen ihres orgiastischen Sinnes für Festmahle liebte ich die Welt der Lindgren, sondern auch, weil Kinder in dieser wunderbaren Mischung aus Geborgenheit und Freiheit durch ihren Alltag brettern durften.

Der sich biegende Familientisch, um den sich vor allem um die Feiertage auch jene drängen, die sich sonst vielleicht nicht so gut riechen können, schafft nicht nur bei Lindgren, sondern auch im echten Leben oft das schier Unmögliche: Hier wird zumindest phasenweise Eintracht und Harmonie simuliert und fröhlich gefuttert – im besten Fall unter wonnigen Begleitseufzern, die ansonsten nur »beim größten Spaß, den man ohne zu lachen haben kann« (Woody Allens Definition von Sex) in dieser Hingabe zu hören sind.

Wie sehr die gemeinsame Einnahme von Mahlzeiten einen aus dem Alltag in ein hedonistisches »Leo« entführt, wie wichtig die kollektive Nahrungsaufnahme als Beziehungs-Bindemittel und sozialer Spielplatz ist, darüber haben inzwischen ganze Armeen von Soziologen, Psychologen, Kulturhistorikern und Alltags-Theoretikern nachgedacht.

»Wenn wir nicht zusammen essen, geht uns Sicherheit verloren und Geborgenheit«, schreibt der amerikanische Psychologe Marshall Duke in der »Zeit«, »gemeinsames Essen ist das Rückgrat des menschlichen Miteinanders.«

Essen dient aber auch als Ablenkungsmanöver und Konflikt-Entschärfer. Im Zuge seiner Forschungsprojekte fand Duke heraus, dass sich 30 Prozent der Unterhaltungen bei Tisch um die dargebotenen Gerichte drehen. So können Erbschaftsstreitereien, diplomatische Verwicklungen oder atmosphärische Verstimmungen – zumindest temporär – im aus den dampfenden Tellern aufsteigenden Rauch verschwinden. Beim gemeinsamen Essen werden, so belegen diverse Studien, tatsächlich ähnliche Kuschelhormone freigesetzt, wie sie auch bei Umarmungen zum Flirren kommen.

Natürlich muss man auch in diesem Zusammenhang ein kleines Lamento über den Kulturverfall anstimmen, der mit sich bringt, dass immer mehr Zivilisationsflüchtlinge die Nahrungszubereitung durch einen Klick auf einer Zustellungs-App abhandeln und das Ritual des Kochens als unnötige Zeitverschwendung abtun. Das sind dann aber oft auch die, die an »Foodpornitis« laborieren und im Restaurant ihre Speisen posten, posten und nochmals posten und beim Verzehr weniger der Geschmacksentfaltung des Dargebotenen Beachtung schenken als mehr die »Gefällt mir«-Daumen-Entwicklung unter ihren »Foodporns« beobachten – eine so paradoxe wie nahezu perverse Begleiterscheinung der Digitalisierung unserer Alltagskultur.

Kochen geht als Kulturtechnik in finanziell benachteiligten Schichten zunehmend verloren. Bei einer »profil«-Reportage über die österreichischen Essgewohnheiten erzählte mir der Leiter eines Sozialmarkts, wo Menschen mit niedrigem Einkommen günstig Lebensmittel erwerben können, dass die frischen Lebensmittel wie Gemüse häufig liegen bleiben, weil viele gar nicht mehr wissen, was sie damit anfangen sollen. Fertiggerichte wie Tiefkühl-Pizzen oder Ravioli aus der Dose finden hingegen alle ihre Abnehmer. Das Essverhalten der Kinder wird durch diese Kost auf Dauer natürlich entsprechend deformiert und prägt auch die nächsten Generationen.

Die Sehnsucht nach dem Echten

In einer gewissen soziologischen Bubble, die man gerne mit den Kürzeln Bobos und Hipsters umschreibt, macht sich seit geraumer Zeit eine Sehnsucht nach Authentizität und Simulation des einfachen Lebens breit, auch als eine Art Rebellion gegen die totale Digitalisierung, die aber dann – auch das wieder ein eigenartiges Phänomen – auf den sozialen Medien ausgelebt wird.

Germ oder Hefe war zum Beispiel während der Lockdowns das Klopapier der Bobo-Hipster-Wertegemeinschaft. Die urbanen Nachhaltigkeits-Neurotiker eröffneten auf sämtlichen sozialen Medien die Brotspiele. »Es beruhigt mich, wenn ich dem Sauerteig beim Arbeiten zusehe«, erklärt eine Frau auf

Instagram, »es gibt mir ein Gefühl von Sicherheit.« Dass Brotbacken zu einem neuen Alltagsritual im Überlebenskampf wird, ist zu bezweifeln. Schließlich haben die echten Einfachen zwischen Pilgerfahrten zum AMS und Montessori-freier Kinderbetreuung keine Zeit für solche Extravaganzen der Einfachheit. Vielmehr wird die Sauerteig-Offensive, wie gehabt, eine Hobbymode (wie vor einigen Jahren Stricken und neuerdings auch Fermentieren) urbaner Mittelständler bleiben, die gerne in ihren Zweithäusern einfaches Leben, inklusive Brotbacken, Zwerghühnerhaltung, Marmeladeeinkochen und Apfelsaftpressen, simulieren.

Die Sehnsucht nach echtem Leben zeigen die Insta-Selbstinszenierungen des Milliardärs David Beckham. Seinen weit über 60 Millionen Followern zeigt sich Beckham neuerdings mit Hirtenstab, Prince-Charles-Schiebermütze, in Gummistiefeln und schlabbrigen Strickwesten auf dem Feld seines Anwesens im englischen Oxfordshire. Neben den pittoresken Nachdenken-auf-der-Scholle-Pics gibt es auch jede Menge perfekt photogeshopte Handwerk-und-Holzhack-Eindrücke. Nur Missis Beckham dürfte mit der radikalen Imagewandlung ihres Gatten, der schließlich als Begründer der Metrosexualität (Haarreifen in der Frisur) und Tätowierungs-Gesamtkunstwerk Modegeschichte schrieb, noch nicht ganz symbiotisch sein. Sie wird vom Insta-Gatten mit dem matten Seufzer »Another day, another cardigan« (Ein anderer Tag, eine andere Weste) zitiert.

#Cottagecore (zu Deutsch in etwa Landlust) konnte seit Beckhams Bauernspielen auf Instagram eine Steigerung von 540 Prozent verbuchen. In einer Welt, in der alles im Chaos zu versinken droht, wolle man eben die Kontrolle über die kleinen Dinge des Lebens behalten, so lautet jedenfalls die Erklärung vieler Soziologen angesichts dieser geballten Sehnsucht nach Authentizität, analogem Leben und Einfachheit. Die junge deutsche Philosophin Sofia Elena Disson setzt sich wissenschaftlich mit der Frage, welcher Einfluss die digitale Welt auf unsere psychische Konstitution hat, auseinander. In einer Ausgabe des »S-Magazins« des »Spiegel«, die sich monothematisch mit der Sehnsucht nach dieser Echtheit beschäftigte, schreibt sie: »Das vermeintlich Unverfälschte wird immer wichtiger. Wir sehnen uns nach Authentizität, wenn wir konsumieren, und sogar, wenn wir uns in den sozialen Netzwerken inszenieren.« Schön wäre es, wenn wir diese Sehnsucht auch ohne Spiegelung durch die Außenwelt in Form von »Gefällt mir«-Daumen und Kuss-Smileys leben könnten. Denn eine Welt, in der »die Realität zu einer Simulation unserer Gelüste geworden ist«, so die italienische Konsumforscherin Simonetta Carbonaro, erzeuge auf Dauer in uns keine Befriedigung, sondern »Verwirrung, Entfremdung von uns selbst und Einsamkeit«.

Achtung: kochender Mann!
Vor einiger Zeit ist meine Tochter nach Berlin gezogen und ich lebe allein. Das sogenannte »empty nest« setzte mir anfangs gewaltig zu, aber irgendwann gewöhnte ich mich auch daran.

»Kochst du überhaupt noch für dich?«, wurde ich nach ihrem Auszug oft gefragt. Und wie! Natürlich! Kochen hat immer auch etwas mit Zärtlichkeit zu tun, die man auch gegenüber sich selbst mobilisieren sollte. Aber natürlich ist es weitaus lustiger, für eine exzentrisch durchmischte Truppe zu braten und zu schnippeln. Es kostet einen manchmal die Ohren, aber es wärmt das Herz. Meine gute Freundin, die Journalistin und Autorin Marina Watteck, hat dazu vor Jahren unseren wunderbaren Leitspruch »sechsspännig ins Armenhaus« geprägt.

Meine »Kurier«-Kolumne heißt nicht umsonst »Chaos de luxe«: Im Gegensatz zu den Instagram-Streberinnen, die frisch geföhnt ihre mit militantem Perfektionismus dekorierten Familientafeln Stunden vor dem Eintreffen der Gäste posten, schmeiße ich im Vorfeld alle Nerven weg, denn natürlich – als berufsbedingter Deadline-Junkie – habe ich wie immer zu spät angefangen. Meistens stehe ich noch in Auflösung und völlig unbehübscht am Herd, wenn die ersten Gäste eintrudeln und mich mit dem Mitleidsbonus »Können wir dir was helfen?« bedenken wollen. Bloß nicht!

Die kochende Frau hat in Wirklichkeit nur einen extrem herausfordernden Feind: den kochenden Mann. Im Laufe der letzten Jahre hat sich diese Spezies zur perfektionistischen Perfidie entwickelt. Natürlich ist der auf hohem Niveau kochende Mann noch ein schichtenspezifisches Phänomen: Feministisch aufgeklärte Bobo-Männer aus der Werbebranche tun es; vom Toskana-Hedonismus der 1980er-Jahre geprägte Manager in ihren Fünfzigern tun es; feinsinnige Germanistikstudenten tun es. Und viele gleichgeschlechtlich Orientierte sowieso, denn das Klischee, dass schwule Männer in der Disziplin Lebensart die Nase seit jeher vorn haben, ist empirisch zumindest in meinem nächsten Umfeld aber sowas von gesichert.

Der kochende Mann lebt seinen Herdtrieb manchmal gleich einer Kampfsportart aus. Er ficht Glaubenskriege zu Fragen wie »Rote oder weiße Zwiebel im Erdäpfelsalat« aus und liebt es, die kochende Frau mit Anmerkungen wie »Was? Du schneidest die Karotten nicht Julienne?« oder »Bist du des Irrsinns: Man faschiert kein Beef Tatar!« zu demütigen.

Natürlich ist er Utensilien-Fetischist und gerüstet mit einem Waffenarsenal an Geräten wie Wakoli-Damastmesser, Zitruszerstäuber, Zestenzwirbler oder einem Sous-vide-Garer. Manchmal gedenkt man angesichts dieser Kampf-Bocuserln voll Nostalgie jener Tage, als Kochen noch als entwürdigende Mädchentätigkeit galt und Männer sich ausschließlich um Feuerstellen scharten, um Fleisch auf den Rost zu legen und dessen Austrocknung abzuwarten.

Und natürlich braucht der Mann wie bei all seinen Hobbys, sei es Fliegenfischen, Klettern oder das Manövrieren von Modelleisenbahnen, auch als Dompteur von Nahrungsmitteln Lob und Anerkennung.

Jamie Oliver, der vor 20 Jahren Initiator eines weltweiten Kochbooms war, erklärte mir bei einem Telefoninterview: »Freut euch doch, dass Männer aufgehört haben, Höhlenmenschen zu sein. Schließlich ist eine von einem Mann für eine Frau zubereitete Mahlzeit die höchste Form von Zärtlichkeit.«

Also meine Herren…

Als meine über alles geliebte Großmutter im 96. Lebensjahr starb, tat sie das so, wie sie es sich immer gewünscht hatte: zu Hause und mitten im Leben, noch dazu beim Versorgen ihrer Liebsten. Selbst in der Stunde ihres Zusammenbruchs briet sie noch für die Familie Erdäpfel und fiel vor dem Herd um. Dass die Erdäpfel verbrannten, hätte sie in ihrer Achtsamkeit, nichts verkommen zu lassen, wahrscheinlich in eine kleine Krise gestürzt.

»Es gibt noch! So viel ihr wollt!«, rief die Omschi, stets in Sorge, dass wir nicht bis zum Rand gesättigt nach Hause gehen, über den Sonntagstisch, an dem sich meine Kusine Verena, mein Onkel Helmut, bisweilen meine Tochter (wenn sie schon auf war) und ich regelmäßig versammelten.

Erst im Nachhinein begriff ich, dass diese Mahlzeit für sie den Höhepunkt der Woche darstellte, denn in diesem Alter wird es naturgemäß immer einsamer, da die Freunde immer häufiger für immer abreisen. Einen schöneren Tod als in vollem Versorgermodus vor den Kochtöpfen hätte ich ihr nicht wünschen können. Die Trauer bretterte mich damals so nieder, dass ich wie wild Freunde einzuladen und zu kochen begann. Eine drei Stunden lang blubbernde Bolognese eignet sich in solchen Situationen beispielsweise als treffliches Trostpflaster. Die »Trost-Boli« nennen wir in unserem Haushalt dieses Gericht. Kochen hat etwas Meditatives und wirkt in solchen grauen Momenten wie ein Antidepressivum.

»Seit Eva den Apfel aß, hängt viel vom Abendessen ab«, fand der britische Dekadenz-Dichter Lord Byron. Inzwischen bin ich in einer Altersperiode meines kleinen Lebens gelandet, in der man das Mittagessen nicht nur in der Familie, sondern auch unter Freunden zu lieben beginnt.

Das Sonntag-Mittagessen war in der Rock'n'Roll-Phase meines Lebens eine völlig unterschätzte, wenn nicht sogar mit Verachtung (weil zu spießig) bedachte Institution. Inzwischen habe ich den Mittagsclub gegründet, denn mein Versorger-Gen steht seit dem Auszug des Fortpflanzes relativ unbenützt in der Garage und braucht eine Spielwiese.

Das Kind würde jetzt einwerfen: »Träum weiter, Muttertier! Wo war ich da ungefähr, als du von solchen Bekoch-Ambitionen geritten wurdest?«

Und ich würde antworten: »Alles ist doch prinzipiell viel schöner, wenn es kein Pflicht-, sondern ein Freigegenstand ist.«

Das Tolle an diesen Sonntagmittagen ist, dass man gleitet, statt hetzt – manchmal bis in den »Tatort«, oder auch darüber hinaus. Die Bonmots flitzen hin und her, die Eiswürfel krachen im Rosé, die Küche gleicht einem siegreichen Schlachtfeld

Napoleons. Wenn man den Braten aus dem Ofen zerrt, jammert man natürlich entsprechend, dass er diesmal wirklich nicht so gelungen ist wie sonst und erwartet enthusiastischen Widerspruch, der meist auch verlässlich eintrifft. Und sonst ist alles gemäß Harald Juhnkes Vorstellung von Glück: »Leicht angeschickert und keine Termine.«

Kniefälle vor den Großmüttern

Meine hedonistisch-kulinarische Ausbildung erhielt ich durch andere Länder und befreundete Meisteresser. Ich danke meiner Mutter, die übrigens fantastisch und sehr avantgardistisch kochte, an dieser Stelle noch einmal, dass sie mich in meiner Spätpubertät nach Italien und Frankreich zu Au-Pair-Frondiensten verschickte. Unvergessen die herrlichen Sonntagmittag-Gelage, die in Frankreich gegen zwei begannen und in der Abenddämmerung ihr Ende fanden. Jeder neu aufgetragene Gang wurde bei diesen Festakten des Daseins wie ein gelungener Elfmeter bejohlt.

Wobei man sich in Frankreich auch wochentags nicht aus der Ruhe bringen lässt, wenn das Hochamt des Mittagessens eingeläutet wird. In den Restaurants sind die Tische auch an Werktagen dicht besetzt und die Hektik, die Selbstoptimierung und Leistungsstress mit sich bringen, scheint zumindest zwischen eins und halb vier bei vielen Franzosen außer Kraft gesetzt zu sein. Dass die Französinnen trotz dieses Talents für Hedonismus dennoch mit einer fragilen Statur gesegnet sind, soll damit zusammenhängen, dass sie angeblich in den eigenen vier Wänden über Tage an einem Magerjoghurt löffeln und es zur Meisterschaft im Blattsalat-Einspeicheln gebracht haben. Nur in der Außenwirkung lassen sie sich davon nichts anmerken.

Als ich einmal in einem Pariser Museum um die Mittagszeit anmerkte, dass man die Besucherschlangen durch das Öffnen eines zweiten Kassenschalters erheblich abkürzen könnte, sah mich die Dame im Glasverhau wie eine von der Liane geplumpste Wilde an und ließ mich in gebotenem Pathos wissen:»Mais Madame, c'est l'heure de repas...es ist die Stunde der Mahlzeit.« Zu meinem 50. Geburtstag schenkte ich mir einen Monat Nichtstun in der Hauptstadt des Hedonismus. Ich veraß Bausparverträge und rollte nach meinem Genuss-Sabbatical nahezu wieder gen Wien.

An einem Nebentisch in einer Brasserie beobachtete ich während dieses herrlichen Monats einmal ein Paar, das sich für alle hörbar auf das Heftigste stritt. Irgendwann sprang sie auf, fetzte ihm die Serviette um die Ohren und brüllte so laut, dass die Kellner im Spalier applaudierten:»Va te faire cuire un œuf!« Wie ich später herausfand, kam diese harsche Aufforderung an den Mann, sich doch einfach ein Ei zu kochen, dem höchstmöglichen Grad an Verachtung gleich. Denn diese Phrase hat die gleiche Bedeutung wie unser»Rutsch mir doch einfach den Buckel runter«.

In der Grande Nation, in der Mahlzeiten Hochämtern gleichkommen, scheint also der Verzehr eines einfachen Eis zu den härtesten Strafen zu gehören, die man einem widerborstigen Lebensabschnittspartner nur wünschen kann. Mein ansonsten so tadelfreies Verhältnis zu Eiern ist seit diesem Erlebnis empfindlich gestört. Auch deswegen liebe ich dieses Land mehr als jedes andere.

In Italien, auf einem alten Gutshof im pittoresken Valpolicella, brachten mir meine Au-Pair-Arbeitgeber schon in den frühen 1980er-Jahren die Liebe zu den Produkten bei. Wir streichelten gemeinsam Kräuter, ich pflückte Tomaten im Garten und passierte sie mit einer »flotten Lotte«, bis meine Bizepse Straußeneiergröße hatten. Wir kannten die Vornamen der Schweine und Schafe, deren Keulen und Filets wir langsam in riesigen Kupfertöpfen in der Küche, deren Kamin noch aus der Renaissancezeit stammte, schmorten. Wenn man mich auf meinem Sterbebett fragen sollte, was die göttlichste Geschmackskombination gewesen sei, derer ich je habhaft werden konnte, kann ich ohne zu zögern antworten: eine fast vollreife Birne, eine Scheibe Wildschweinsalami, und das alles, umspült von eiskaltem Weißwein, auf einem heißen, im Holzofen gebratenen Polentaziegel, den die Pachtbauern allabendlich in die Küche brachten.

Ein Mensch, für den Essen fast einem religiösen Hochamt gleichkam und der ein entsprechend grandioser Lehrmeister war, war der Satiriker und Autor Werner Schneyder. Ein Hedonist bis zum Anschlag, wie man sie nur selten findet, und einer der wenigen Menschen, die beim ausufernden Verzehr einer Mahlzeit bereits von den kommenden Nahrungsaufnahmen ins Schwärmen geraten können. Das verdankte er, wie er gerne und oft erzählte, der Anna Berzkowitsch, seiner geliebten Großmutter. Für seine Gastgeber gab es angesichts der kredenzten Speisen nur eine Höchstnote: »Das kommt der Anna Berzkowitsch in die Nähe!«

Die Großmütter und Mütter, die uns die Sinne schärften, sie mögen in Respekt und Dankbarkeit gebadet werden!

Herr Schneyder hat es übrigens vorgezogen, nach dem Verzehr eines Drachenkopfs in üppiger Weißweinbegleitung im März 2018 ohne viel Aufhebens von dieser Erde zu gehen. Bei allem Schmerz über den Verlust dieses Sprachgiganten muss man anerkennend den Hut ziehen – ein Fünfstern-Tod für einen solchen Meisteresser. Auf seinen Grabstein hätte der Torberg-Spruch »Essen war seine Lieblingsspeise« wie maßgemacht gepasst.

Also, gehen Sie mit Ihrer Mahlzeiten-Liebe verschwenderisch um. Denn merke: Es gibt keine App, die ein in Lachen und wohliges Genuss-Geseufze gebettetes Fressgelage ersetzen kann. Und das ist jedes Hüftgold dieser Welt wert.

Freundschaft:
die Untermieterin der Liebe

»Freunde sind Gottes Entschuldigung für Verwandte.«
GEORGE BERNHARD SHAW

Freundinnen in meiner Altersgruppe taumeln neuerdings durch Tinder, jene Anbagger-App, die das Paarungsverhalten der Menschheit seit einigen Jahren extrem prägt. Früher war diese Börse des erotischen Kapitalismus eher auf junge Erwachsene beschränkt, aber inzwischen hat sich das Konzept aufgrund seiner Unkompliziertheit und Effizienz auch bei den älteren Generationen durchgesetzt.

»Wo sollen wir sonst Männer kennenlernen?«, fragen mich manche meiner der Solotrips müden Freundinnen, die nach einer Scheidung oder einem zwischengeschlechtlichen Sabbatical endlich wieder einmal in einem sicheren Hafen landen wollen. Meine Antwort, »in der Rückenschule, der Schmerzambulanz oder auch auf Begräbnissen, es müsste ja jetzt mit dem ersten Schwung frischgebackener Witwer losgehen«, finden sie überschaubar komisch.

Eines möchte gleich einmal klarstellen: Sollte sich jetzt der Verdacht erhärten, dass ich mir in Wahrheit selbst auf Tinder die Ego-Watschen abhole, weise ich ihn hiermit strikt von mir. Ich bin manisch analog, was Kontaktaufnahmen betrifft. Ich glaube an die Magie der ersten Blicke und der ersten Sätze im echten Leben. Auch wenn dieser Zugang eine gewaltige Durststrecke mit sich bringt. Außerdem: Ich bin zu feige, aber auch zu faul für solche digitalen Schatzi-Suchen. Mir schlafen bereits alle

Gliedmaßen ein, wenn ich an diese ermüdenden Konversationen nur denke, die solche ersten Blind Dates mit sich bringen: »Was für ein Zufall, Sie lieben auch die italienische Küche?« – »Jetzt einmal ehrlich: Hunde- oder Katzenmensch?« – »Mein Lebensmotto lautet: Carpe Diem. Ich lebe den Moment. Und Ihres?« – »Und nur so am Rande, nicht, dass es mich wirklich interessiert, ich gebe eigentlich gar nichts darauf: Was sind Sie eigentlich für ein Sternzeichen? Aszendent, wenn wir schon dabei sind?« Meine Standard-Antwort: »Sternzeichen Hummer, Aszendent Mayonnaise. Passt das?« Ich kriege die Krise, wenn ich mir diese Dinner-Erstbegegnungen vorstelle.

Wie sich an den Berichten von der Front zeigt, kommt auch schon das Vorfeld, also Tinder, oft einem Stahlbad gleich. Sollte man dort den mutigen, aber fahrlässigen Fehler einer korrekten Altersangabe begehen, braucht man als Frau sowieso eine gefestigte Psyche. Denn die Typen, die einen dann nicht gleich in den Orkus erotischen Entrümpelungsmaterials wischen, sondern »It's a match« drücken, sehen aus entweder wie a) europäische Sumo-Ringer nach einer langwierigen Cortisonbehandlung oder b) schlaganfallgefährdete Hobby-Cowboys mit einem Gewaltdurst, der im mildesten Fall mittels Luftdruckgewehr-Geballer auf Klopfbalkon-Tauben gestillt werden könnte. Vom Selbstwert-Beton mancher Kerls sollte man sich wirklich stückweise etwas wegsprengen dürfen. Es gibt kein besseres Wort dafür als das jiddische »Chuzpe«.

Und dann haben wir da noch die Tinder-Herren mit den Fake-Profilfotos. Die wirken wie Nebendarsteller aus türkischen Daytime-Soaps, geschmolzener Nougat im Blick, die klomuschelweißen Zähne zu einem Hey-life-is-beautiful-Lächeln gefletscht. Wie man inzwischen weiß, verbergen sich hinter diesen

Zu-geölt-um-wahr-zu-sein-Feschaks bisweilen mit Zischlaut-Insuffizienzen geschlagene, bildungsferne Peripherie-Paschas, die hoffen, mit diesen Fake-Profilen an Frauen außerhalb ihrer analogen Reichweite zu kommen.

Oder noch schlimmer: Es sind »Catfish«-Köder, die von organisierten Cyber-Ganoven ausgelegt werden, um zweisamkeitssehnsüchtige Frauen abzuzocken. Klingt nach einem billigen Skript, gibt es aber tatsächlich. Eine Freundin von mir erlebte das am eigenen Leib. Der gutaussehende Mann mit den Klomuschel-Zähnen, den sie auf Tinder gescannt hatte, verschob die Treffen immer wieder, und zwar oft in letzter Minute, kommentierte alle ihre Fotos mit Satzbaustein-Variationen à la »You look stunning« oder »Can't wait to meet that beauty« und brauchte plötzlich ganz dringend 8000 Euro, weil seine Tochter nach einem Autounfall hirntot und ohne Krankenversicherung irgendwo in Idaho lag. Als meine Freundin das Geld nicht locker machte, hörte sie nie wieder etwas von dem Klomuschel-Gebiss.

Aber auch im nicht-kriminellen Bereich können sich solche Manöver als traumatisierend erweisen. Bei den ersten Beschnupperungs-Telefonaten, so wurde mir von der Front berichtet, wollen manche der Interessenten ohne viel Federlesens wissen, welche sexuelle Position man bevorzuge, und im gleichen Atemzug, ob man denn auch der Semmelknödelzubereitung mächtig sei. Bei mit Empörung angereicherten Antworten kommt dann häufig die pikierte Feststellung, ohne überhaupt eine Echtleben-Begegnung absolviert zu haben: »Tut mir leid, ich glaube, mit uns wird das nichts«, oder »Ich fürchte, ich habe mich geirrt«.

Wenn man überhaupt eine Rückmeldung bekommt. Häufig tauchen Online-Bekanntschaften auch einfach ab, ohne irgendwelche Abschieds- oder Begründungsfloskeln zu bemühen. Das

Phänomen hat ob seiner Häufigkeit bereits den Namen »Ghosting«. In einer Welt, in der alles auf Knopfdruck verfügbar ist, überträgt sich diese Haltung offenbar auch auf das »Produkt« Mensch. Wenn es nicht passt oder mühsam werden könnte, taucht man einfach ab.

»Der digitale Raum verändert unser Verhalten und damit das analoge Miteinander. So ist die Funkstille vom schambehafteten Unfall zur achselzuckend hingenommenen Normalität geworden«, heißt es in der Frauenzeitschrift »Brigitte«. Menschen werden in der Online-Partnersuche zunehmend verdinglicht, zu einem Produkt. Man verabschiede sich »ja auch nicht von einer Marmelade«: »Heute schmeckt sie, morgen eben nicht.«

Wie ließ der Regisseur David Lynch schon in »Blue Velvet« seinen tragischen Helden seufzen? »Es ist eine fremde und sehr seltsame Welt.«

Soziale Kachelöfen

»Liebe«, seufzte schon Marilyn Monroe, »ist oft nur eine Kette von Anschlussfehlern.« Womit wir bei einem wichtigen Punkt sind: In einer Gesellschaft, die darauf ausgerichtet ist, in einer hollywoodtrunkenen Zweisamkeit (zumindest temporär) Erlösung zu finden, fristen Freundschaften in der sozialen Wertigkeit ein Mauerblümchendasein, sind quasi Untermieter der romantischen Liebe. Zu Unrecht. Die israelische Starsoziologin Eva Illouz, die ihren Abgesang auf die traditionelle Paarbeziehung unter dem Titel »Warum Liebe weh tut« publizierte, ist überzeugt: »Es würde uns viel besser gehen, wenn wir Freundschaften ein ebenso großes Gewicht verliehen wie unseren intimen Beziehungen. Aber wir haben gelernt, unser Selbst durch Sexualität und unseren Beziehungsstatus zu definieren.

Freundschaft hat leider nicht die kulturelle Sichtbarkeit, die sie verdienen würde.«

Eine Einschätzung, die auch die österreichische Soziologin Barbara Rothmüller teilt. Rothmüller führte im April 2020 an der Wiener Sigmund-Freud-Universität eine Studie über Beziehungen, Sexualität und Freundschaft in Zeiten von Corona durch, mit einem Sample von 8000 Menschen, Durchschnittsalter Mitte 30: »Ich finde, dass die Bedeutung von Freundschaft bei der Krisenbewältigung unterschätzt wird, weil die ganze Aufmerksamkeit auf der traditionellen Familie und romantischen oder sexuellen Beziehungen liegt«, sagte sie mir in einem »profil«-Interview. Besonders in der Gruppe der 20- bis 40-Jährigen, die vermehrt in WGs leben, spiele die Qualität des sozialen Netzes eine große Rolle. Im Zuge der Debatten um die Pandemiebedingungen werde aber das Neo-Biedermeier »als einzige legitime Beziehungseinheit betont«.

Dass die Popkultur die Bedeutung von »Wertegemeinschaften«, wie die Soziologie das sperrig nennt, unterschätze, kann eigentlich nicht behauptet werden. »Friends«, die Serie der 1990er-Jahre, die das WG-Leben in einer mittelständischen New Yorker Neurotiker-Clique zum Thema hatte, erfährt gerade in der Generation der Millennials ein Nostalgie-Revival. »Freunde sind die Familie des 21. Jahrhunderts«, erklärte auch die »Sex and the City«-Protagonistin Carrie Bradshaw, die deprimierende Penislängen, Schuldenberge und Schuh-Panikkäufe ausschließlich im Klüngel mit ihren drei Freundinnen zu bewältigen trachtete. Der französische Film »Ziemlich beste Freunde«, der die Geschichte eines gelähmten Millionärs und seines schwarzen Pflegers zum Thema hatte, wurde zum Publikumshit. Elena Ferrantes Roman über die enge Freundschaft zweier Mädchen im Neapel der

1950er-Jahre avancierte zum weltweiten Millionenseller und wurde für den US-Bezahlsender HBO als Serie verfilmt.

Der deutsche Autor Jo Schück hat sich in seinem Buch »Nackt im Hotel« mit den vielen Facetten von Freundschaft auseinandergesetzt: »Freundschaft ist etwas, das freiheitlicher nicht sein könnte, aber gleichzeitig ein hohes Maß an Stabilität gewährt. Etwas, das für alle offen ist. Egal, ob arm oder reich, schlau oder doof, Freundschaft ist für alle da.«

Angesichts der Brüchigkeit von Paarbeziehungen, die mit hohen – häufig zum Scheitern verurteilten – Erwartungen aufgeladen sind, und einer sich rasant erhöhenden Anzahl von Single-Haushalten in Österreich, ist die Geringschätzung sozialer Konstellationen jenseits konservativer Weltbilder eigentlich verwunderlich. Dabei brauchen wir Freundschaften oder Netzwerke, wie die Verpeilten das nennen, dringender denn je. Zur Dokumentation der Steilheit der Single-Kurve: Zählte die Statistik Austria 1985 noch 768.000 Einpersonenhaushalte, waren es 2019 mit 1.480.000 nahezu doppelt so viele. Mehr als ein Drittel aller fast vier Millionen Privathaushalte in Österreich werden nur von einer einzigen Person bewohnt, wobei natürlich die Altersgruppe ab 65, bedingt durch Trennung oder Tod, ein Drittel aller Solo-Wohnenden ausmacht.

Millionen Menschen brauchen also Freunde, verlernen aber zunehmend die Kulturtechnik der Freundschaft. Oder verlieren altersbedingt ihre sozialen Kachelöfen. Meine immer sehr gesellige und lange Zeit verwitwete Großmutter war 95, als sie knapp vor ihrem Tod ihrer letzten verbliebenen Freundin, die ihren 100. Geburtstag beging, einen Besuch abstatten wollte. Sie war damals schon schwach, warf sich aber tapfer in ein gutes Kostüm und bewaffnete sich mit Hut und Blumen, um ihre geliebte

Emmy wenigstens noch ein Mal zu sehen. Der Aufwand nahm ein deprimierendes Ende. Die demente Emmy hatte keine Ahnung mehr, wer meine Großmutter war, und wies ihre Pflegerin an, die ihr unbekannte Dame mit den Blumen wegzuschicken.

In Großbritannien wurde – noch unter der Ägide von Theresa May – ein Ministerium gegen die Einsamkeit gegründet, die sich nicht nur in seelischen Störungen wie Depressionen, Sucht oder Angststörungen niederschlägt, sondern auch verheerende gesundheitliche Auswirkungen nach sich ziehen kann: Herzprobleme, Schlafstörungen oder hoher Blutdruck, um nur einige zu nennen. Einsamkeit sei »das neue Rauchen«, erklärt auch der deutsche Psychiater Manfred Spitzer, dessen Spezialgebiet die physischen und psychischen Auswirkungen der Einsamkeit sind. In einer Erzählung von Yasmina Reza in dem Band »Glücklich die Glücklichen« zitiert ein Psychiater bei einem Abendessen einen seiner Patienten mit den Worten: »Wenn ich bei mir zu Hause bin, habe ich Angst davor, dass jemand vorbeikommen und sehen könnte, wie einsam ich bin.«

Das ist das Paradoxon der sich verschränkenden digitalen und analogen Lebenswelten: Noch nie war es so einfach, sein Leben individuell zu gestalten und Kontakte zu knüpfen – und noch nie haben sich so viele Menschen dabei so einsam gefühlt.

Freundschaft in Coronistan
Man reagiert ja inzwischen schon nahezu allergisch auf Kalenderspruch-Floskeln à la »Krise als Chance« oder »Da verschieben sich die Werte«, aber tatsächlich nahmen im sozialen Off der Pandemie die Qualitäten von Freundschaften stärkere Konturen an als im terminstrotzenden und stressgeladenen Alltag davor. Das französische Sprichwort »Zeit verstärkt die Freundschaft

und schwächt die Liebe« griff in der Erledigungshektik des Prä-Covid-Alltags nur bedingt. Die am renommierten Massachusetts Institute of Technology (MIT) tätige Psychologin Sherry Turkle beschreibt in ihrem Buch »Alone Together« die Verkümmerungstendenzen der Freundschaftskultur in der Menschenmaschinerie 2.o. Effizienz sei inzwischen das oberste Gebot, häufig machen sich Menschen bereits Wochen im Voraus einen Termin aus, der dann manchmal auch noch knapp vorher abgesagt wird. »Pläne absagen ist wie Heroin«, erklärte der US-Komiker John Mulaney noch vor Coronistan das Lebensgefühl seiner couchaffinen Generation: »Ein Wahnsinnsgefühl. Augenblickliches Glück.« Und bedankte sich bei seinem Publikum, dass es trotz Dauererschöpfung dennoch die Wohnung verlassen hat. Das Kommunikationsniveau zwischen Verabredung und Treffen oder eben Absagen verflacht bisweilen zu Emoticon-Zierleisten als Lebenszeichen und dem Versenden von Memes. Telefonisch »durchgeklingelt«, um einmal nur zu sehen, »wie's so geht«, wird da in den seltensten Fällen und hauptsächlich von Menschen, die noch wissen, was ein Vierteltelefon ist. Turkle zitiert in ihrem Buch eine erfolgreiche Anwältin, die sich darüber beklagt, dass »ich an dem Punkt bin, wo ich meine Freunde abfertige, als wären sie Inventargegenstände oder Kunden«.

Eine Chemieprofessorin gesteht der Autorin ein, »dass ich meine Kontaktaufnahmen zunehmend mit dem Gefühl verband, jemanden von der Erledigungsliste gestrichen zu haben«.

Im sozialen Blackout der letzten Monate hat der Telefonanruf ein Retro-Revival gefeiert. Abends war ich manchmal regelrecht erschöpft vom vielen Telefonieren, gleichzeitig hatte ich das Gefühl, selten so viele Wie-geht's-dir-Gespräche auf empathischem Niveau geführt zu haben, bei denen diese Frage über die Höflichkeitsfloskel hinausging und meine Telefonpartner, oft auch längst verloren geglaubte Freunde aus früheren Phasen meines Lebens, ehrliches Interesse an meiner Befindlichkeit (und natürlich vice versa) zeigten. Das war das Schöne an diesem schrecklichen 2020. Und systemerhaltend für die Seele. Neben der emotionalen Komponente wurde durch das größere Potenzial an zur Verfügung stehender Zeit auch die Qualität der Konversationen verbessert. Man war verwundbar und verwundet und öffnete sich auch bereitwilliger, um diese Zustände angstfrei zu teilen.

Ciao, Dolce-Vita-Terrorismus

Die digitale Perversion ist, dass man seit der Existenz von Facebook so viele Freunde hat, die man nicht kennt. Zum Jahresende schenkte mir Facebook auch diesmal den obligaten Rückblick. Ich sehe mein mild belichtetes Profilporträt, um das sich zu Sphärenklängen die Fotos jener 492 Menschen legen, die in diesem Jahr zu meinen Freunden geworden sind. Ich schätze, dass ich 422 davon im analogen Leben noch nie getroffen habe. Und noch immer finde ich es sehr wunderlich, wenn jemand auf dem Markt oder im Kaffeehaus mit offenen Armen auf mich zustürzt und ruft: »Hallo! Wir sind auf Facebook befreundet!« Dieser Satz hat eine ähnliche Aussagekraft wie »Hey, toll! Wir wohnen beide auf dem Planeten Erde!«

In dem Rückblick wandern in Slow Motion meine Selbstinszenierungen vorbei, die natürlich auch den Zweck hatten, meinen Facebook-Kollegen vorzugaukeln, was für ein glamouröses, ereignisreiches, buntes, von interessanten Kontakten überbordendes Leben ich habe: lauter tolle Künstler nach ihren Auftritten im »Schwimmenden Salon«, mit denen ich kichernd posiere, Oberflächen-Freundinnen, mit denen ich in schicken Restaurants scheinbar unbeobachtete Ausgelassenheit simuliere. Klar, dass wir vor solchen Was-sind-wir-denn-nicht-für-eine-tolle-Clique-Schüssen unsere schon etwas schütteren Mähnen zwecks Volumenpotenzierung im Vorfeld geschüttelt und die Kräuselleisten unter unseren Lippen mit Concealer abgedeckt haben. Wie erbärmlich eigentlich. Nicht zum Fremd-, sondern zum Selberschämen.

Seltsamerweise hat sich die Freundes-Generation des Fortpflanzes von diesem Posting-Virus ein bisschen befreit. Facebook ist für die ja ohnehin die Todeszone der Coolness. Warum, Fortpflanz?»Mama«, sagt das Kind, kopfschüttelnd, weil ich es offensichtlich noch immer nicht kapiert habe, »diese Fulltime-Ego-Inszenierungen sind doch inzwischen so was von geriatrisch, null Coolness-Faktor.« Die Fortpflanz-These: Typen, die dem Zwang erliegen, ständig auf diversen Kanälen einen solchen Dolce-Vita-Terrorismus auf ihre Mitmenschen auszuüben, müssten auf diese Weise Defizite und eine »gewisse innere Leere« abdecken, sie seien »echte Opfer«, »denen unser Mitleid gehören sollte«. Wie ich zu so einer buddhistischen Kampfmaschine von Kind komme, bleibt mir sowieso ein lebenslanges Mysterium.

Freundschaften der E-Klasse

Es gibt Menschen in meinem Leben, die ich nicht mehr verlieren werde, selbst wenn ich mich zu einer Karriere als Alterskleptomanin entschließen oder in Tourette-Selbstgesprächen versinken sollte. M. ist eine solche. Bei meinem jüngsten Besuch öffnete sie mir im vollen Ornat, also behängt wie der Weihnachtsbaum vor dem Rockefeller Center. Ihre Reaktion auf meinen Blick: »Darling, ich habe mir einiges an Juwelen aus dem

Dorotheum zurückgeholt.«In ihrem exzessreichen Rock'n'Roll-Leben war es immer wieder zu finanziellen Engpässen gekommen und sie hatte die Klunker aus ihrer aristokratischen Erbmasse verhökert. Wir tranken Tee aus einer fetten Silberkanne, das versilberte Zeug hatte sie entsorgt:»In meinem Alter sollte man Alpaka hinter sich gelassen haben.« Es war wie immer ein geistiges Fest, denn M. besitzt ein unerschöpfliches Reservoir an kuriosem Wissen. Sie weiß alles über die Mitford-Schwestern, Hemingways Depressionen, die Kindheit diverser Serienkiller oder Prinzessin Margarets Hofdamen. En passant erklärte M. mir, dass es aufgrund einer bombastischen SVS-Nachzahlung auf ihrem Konto momentan blassrosa aussehe. Die damit verbundene nervliche Anspannung hatte sie mit einem Weihnachtsservice von Wedgwood zu bekämpfen versucht. Einhellig brüllten wir:»Na freilich, was denn! Worauf soll man warten?« Was für ein Reichtum an Nonchalance, den ich an dieser Freundin miterleben darf! Und was für ein Glück, solche Menschen in seinem Leben haben zu dürfen.

Ich habe die Nase voll von sogenannten Freunden, mit denen man wochenlang allenfalls über Facebook-Kommentare und WhatsApp-Gruppen in Berührung kommt. Die ihre Zuneigung bestenfalls dadurch äußern, dass sie dich bei einem ihrer Postings »taggen« oder dich digital »lausen«, indem sie ein Däumchen oder Herzchen unter deine Postings setzen. Ich will mit meinen Freunden Abende mit Unfug verschwenden und dabei viel zu viel trinken und viel zu viel lachen.

Echte Freunde sagen nicht oder nur mit einem triftigen Grund ab. Und schon gar nicht kurzfristig. Ich habe zum Beispiel eine langjährig sehr enge, fast schon symbiotische Freundin verloren, die in der letzten Phase unserer »Beziehung« jedes zweite Treffen unter dem Vorwand eines Magen-Darm-Virus/einer plötzlichen Verkühlung oder aus sonst irgendeinem Grund, der bitter nach einer Ausrede roch, auf unbestimmte Zeit verschob. »Es tut mir so leid, wir telefonieren nächste Woche«, war ihre gängige Entschuldigungsphrase. Irgendwann verlor sich die Spur unserer Freundschaft im Sand und in langen Mails beteuerten wir uns gegenseitig, wie wichtig und wertvoll wir einander in gewissen Phasen unseres Lebens gewesen seien, aber dass wir im gegenseitigen Einvernehmen unser Verhältnis zum gegenwärtigen Zeitpunkt einmal auf Eis legen wollten. Sie versicherte mir damals, dass sie sich darauf freue, wenn wir uns irgendwann einmal auf einer neuen Ebene begegnen würden. Ich wusste schon damals, dass diese Aussage in die Kategorie verbaler Plunder fällt und nur den Zweck besaß, ihren für mich damals plötzlichen und auch schmerzhaften Exodus aus meinem Leben ein wenig zu parfümieren. Ich sollte recht behalten. Der Schnitt ist jetzt schon ein paar Jahre her, ich habe nie wieder etwas von ihr gehört. Inzwischen kränkt mich das auch nicht mehr, sondern ich betrachte es als einen Kreis, der sich dramaturgisch in einer poetischen Logik geschlossen hat. Ich selbst habe auch schon solche Schnitte gesetzt. Meist, wenn ich mich verraten, betrogen, belogen oder (sehr oft) überrollt gefühlt habe. Besondere Fertigkeiten, was die Bewältigung von Freundschaftskonflikten betrifft, besitze ich leider nicht. Ich bin eher so wie der WG-Typ, der fünf Mal still murrend die Küche im Alleingang aufräumt, unfähig ist, seinen Ärger zu artikulieren, aber beim sechsten Mal ohne Vorwarnung und überproportional explodiert. Ich werde versuchen, ohne Hilfe eines Life-Change-Coaches oder einer Psycho-App an dem Problem zu arbeiten. Versprochen!

»Die Freunde, die man auch um vier Uhr morgens anrufen kann, die zählen«, hatte Marlene Dietrich, die sich im Alter in selbst gewählter Isolation in Paris verbarrikadierte, angemerkt. Solche Menschen, vor denen wir keine Fassaden aufrechterhalten müssen, die wir im Zustand emotionaler Devastiertheit um Rat bitten können und die neidlos unsere Erfolge teilen, stellen die E-Klasse im Freundes-Fuhrpark.

Darunter existieren endlos viele Nuancen von Verbindungen: Freunde, die als Spiegel für den eigenen Narzissmus dienen, beruflich motivierte Zweckverbindungen, oder Freundschaften, die »zu einem Geschäft werden, das mit Gefühlen handelt – mit Affirmation, Anerkennung und Amüsement«, wie der deutsche Publizist Björn Vedder in seinem Essay »Neue Freunde« schreibt: »Viele Freundschaften sind nichts als Nutzverhältnisse, die zur Befriedigung von Bedürfnissen beitragen.« Umso schöner, wenn man Geschichten aus der E-Klasse erzählt bekommt. Und sie auch selber erleben darf.

Vor einiger Zeit erschienen in den USA die Erinnerungen des Autors Benjamin Taylor, in denen er seine 20-jährige Freundschaft mit dem 2018 verstorbenen Schriftsteller Philip Roth schildert. Das Buch endet mit Taylor, der im jüdischen Bestattungsinstitut »Riverside Memorial Chapel« in Manhattan neben seinem aufgebahrten Freund sitzt und denkt: »Philip sieht aus wie ein römischer Kaiser. Einer der guten. Ich wollte ihm sagen, dass er sich beim Totsein herausragend benahm, schaffte aber nur ein ›Here we are‹.« Das sollte dann auch der Titel dieses hinreißenden Buches werden.

In jedem Fall brauchen E-Klasse-Freundschaften selten Abstand oder gar organisierte Sendepausen. Natürlich müssen Rückzüge oder Phasen, in denen man aus Überarbeitung oder

wegen zu vieler Laufmaschen in der Seele seine Meldungs-
pflicht verletzt, möglich sein, aber Freundschaften wie einen
aus dem Ruder geratenen Betrieb organisieren, das interessiert
mich nicht. Echte Freundschaften brauchen auch keinen Be-
stätigungsapplaus in den digitalen Echokammern. Sie genügen
sich selbst. Aber sie sind wie Muskeln, die verkümmern, wenn
man sie zu lange vernachlässigt und als unverrückbare Selbstverständlichkeit betrachtet.

Im britischen »Guardian« schrieb die Journalistin Jasmin
Nahar lange vor der Pandemie über die Quintessenz von Freundschaft: »Die besten Momente einer Freundschaft sind nicht In-
stagram-tauglich. Es sind jene, wo du bis vier Uhr morgens über
die Verletzungen in deiner Kindheit sprichst, oder wenn jemand
plötzlich vor deiner Tür steht, obwohl er weiß, dass du zu traurig
bist, um auch nur ein Wort rauszubringen.«

»Hansiiii!«

Zum Abschied packe ich Ihnen noch einen herrlichen Auszug
aus der inzwischen leider eingestellten »Zeit«-Kolumne »Haben Sie auch eine Frage an Janosch?« vom Sommer 2019 in die
Botanisiertrommel. Ich besitze natürlich keine solche, aber ich
liebe dieses Wort, weil es so epochenverschleppend ist, wie dieses ganze Buch im besten Fall sein sollte. Die Frage an Herrn Janosch lautete: »Was kann man machen, damit man wieder Zeit
für Leute hat?« Die Antwort des großen Janosch: »Wondrak
macht das so, dass er zu den Leuten hingeht und sagt: Guten Tag,
ich habe jetzt jede Menge Zeit für Sie. Am besten, man nimmt
einen Stuhl mit.« So einfach ist das.

Vielen Dank an euch alle, Mimi, Sissi, Marina, Aniko, Dag-
mar, Michi, Michael, Ulli, Nina, Peter, Gitti, Gabi, Petra, Dani,

Christian, Sona, Steffi, Christa, Florian, Kathi, Cornelia, Myriam, Antje, Mizzi und Charles, dass ihr mich mit all meinen Schwächen so lange ertragen habt. Ich kann kein ganz schlechter Mensch sein, weil ihr doch schon mehrere Jahre, wenn nicht Jahrzehnte, in meinem Leben seid.

Ich denke auch in liebender Erinnerung an meine großen Abgereisten Christl, Marga, Werner und zuletzt Doris, die Freundin mit dem Weltklasse-Schmäh, die uns allen so abgeht und die ihrer Berufung als Künstleragentin mit so viel zärtlicher Verve nachkam. Es ist keine Lücke, sondern eine Kluft, die sie hinterlässt.

Ihr ist dieses Buch gewidmet – weil sie so herrlich und inbrünstig analog lebte und dachte.

Es gibt leider keine Schule, in der man auf den Tod von nahen Menschen vorbereitet wird. Es kam im Herbst 2020 alles so plötzlich. Unsere gemeinsame Freundin U. weinte nur ins Telefon, als sich die traurige Nachricht verbreitete: »Das muss ein Irrtum sein.« So viele sagten: »Aber ich habe sie doch gerade noch gesehen…« Irrational – als ob das ein Garant dafür wäre, dass es jemandem gut geht, weil man ihn gerade noch getroffen hat.

Das Kind war noch ein Winzling, als Doris in unserem Leben erschien – sie hat Räume nicht betreten, sondern ist erschienen. Das Kind war immer anfällig für Menschen mit Witz und trompetete dann: »Die Tante mit der intensiven Locke ist so lustig, die soll bitte wiederkommen!«

In meinem Gefrierfach war bis vor Kurzem noch eine Kiste Nougateis, ihr letztes Mitbringsel bei einem Abendessen, natürlich dimensioniert wie für einen Kinderchor, denn Kleingeistigkeit hat sie ausschließlich nervös gemacht.

Noch lange werde ich bei Theaterpremieren den Zuschauerraum nach ihren leuchtend roten Haaren absuchen. Das Theater war ihr Herzensort, seine Bewohner ihre Kinder. Die Theaterliebe war so groß, dass sie durchaus auch Strenge entfalten konnte. Die Bewertung bei Mittelmaß: »Hut ab! – Aber wovor?« Ein Protagonist, der sich selbst zu lieb hatte, bekam ein »Na, da haben wir was ganz was Fesches!«. Die absolute Katastrophen-Note lautete: »Es war Hansi!«, Mega-Katastrophe: »Hansi, Hilfe, Hansi!«

Dass »Hansiii!« sich als Katastrophen-Parole in unser aller Wortschatz einnistete, haben wir einer früheren Doris-Nachbarin zu verdanken, die damit ihren in der Wohnung herumflatternden Wellensittich zur Rückkehr in den Käfig bewegen wollte. So geht jedenfalls die Legende.

Die höchste Anerkennung war ein simples »Geliebt!« Die Bestwertung für Amüsement jeder Art: »Wir haben geschrien.« Das ist auch das wunderbare Begleitelement von Freundschaften, dass man miteinander ganze Sprachwelten erfinden kann, die für Außenstehende kaum oder nur mit einer Betriebsanleitung zu dechiffrieren sind.

Es sind die gemeinsamen Werte, die die eigentliche Substanz von Freundschaften sind. Abgesehen natürlich von der Sympathie, die die härteste Währung in solchen Verbindungen ist. Was man in der Liebe nicht immer behaupten kann. Die sexuelle Attraktion triumphiert, zumindest in jungen Jahren, häufig über die Sympathie.

Doris und mich verband auch, dass wir beide voller Hingabe nicht mit Geld umgehen konnten. Kleingeistige Menschen habe ich seit jeher umschifft. Mein Konto ist ein schwarzes Loch. Leuchtfeuer exzentrischer Unvernunft wie der Erwerb von Gucci-Pantoletten mit Papageien-Aufdruck (die wirklich nur sie tragen konnte) begleitete Doris mit dem Kommentar »Na freilich, was denn!«.

Mit ihr habe ich auch mein Paris mitten in Wien verloren. Im Doris-Paris herrschten herrliche Gesetze: Wenn man zum Abendessen geladen war, durfte man zuerst ein »Rosétscherl« in der Küche nippen, während sie ein extravagantes Huhn zauberte. Diese Küchenmomente gaben einem stets das Gefühl, dass, komme, was wolle, die Welt doch in Ordnung sei. So farbenschillernd wie ihre Kleider ist ihre Seele.

»Der Tod ist eine Zumutung«, sagte die von mir so geliebte Kinderbuch-Göttin Christine Nöstlinger knapp vor ihrer eigenen Abreise. Deiner eine einzige Zumutung, geliebte Doris. Ahoi!

Und ich höre sie in dem Moment nachgerade knurren: »Was ist denn jetzt, Püppi? Wirst du mir jetzt sentimental?«

Ja!

Auch weil die bunten Menschen immer weniger werden.

Ahoi auch Ihnen, geschätzte Leserinnen.

Here we are.

Danke für Ihre Aufmerksamkeit. Ohne die wäre ich nichts.

Wir sehen uns hoffentlich bald im Echtleben. Also dort, wo alles viel weniger glamourös, viel kantiger, faltiger, brüchiger, aber auch viel geruchsintensiver und herzerwärmender ist als im glattpolierten digitalen Paralleluniversum.

Oder, um im Jargon der digital Verpeilten zu bleiben: See you in IRL – in real life!